生成 DX
ジェネレーティブ

生成AIが生んだ新たなビジネスモデル

株式会社d-strategy,inc
代表取締役CEO
小宮昌人

SB Creative

序章 生成AIビジネス活用事例を知る意味

　生成AIは多くの産業や企業で転換を起こしている。だがあくまでAI技術は**手段**であり、それを使って何を実現したいのかの「**目的**」や創出したい「**価値**」が重要だ。それらを自社でどのように応用させていくのかを発想していく上でも、活用事例・ユースケースを知ることは重要となる。

　本書は生成AIの活用によって起こっている産業構造の変化や、オペレーション変化、ビジネスモデル転換の事例に重きをおいている。世の中には技術の解説書や、実行にあたってのプロンプトのTipsを提供する書籍は多数存在する。

　一方で、生成AIを自社においてどのように活用するのか、オペレーションやビジネスをどう変えていくのかを検討するための情報源は限られている。

　本書籍では、技術の詳細な解説や足元の動向よりも、生成AIの事例・ユースケースや、今後どのような構造変化が起こり得るかの洞察に軸足を置いて構成する。その事例から何が学べるか、自社に応用するとしたらどういった方向性があり得るか、こうした視点で各事例に触れてもらえればと考える。

　少しでも本書が生成AIを契機に構造変化が起こる産業や、企業における未来のオペレーションやビジネスモデルを検討する一助となれば幸いである。

　第1章では生成AIがもたらしたインパクトについて振り返った上で、生成AI単独で創出されている、下記の7点の価値や用途について触れる。

> ① 文章の構成・たたき台作成、② 要約・まとめ・分類、
> ③ アイデアブレスト・壁打ち、④ 調査・リサーチ・分析、⑤ 言語翻訳・校閲、
> ⑥ プログラミング・制御コード生成、⑦ 画像・動画生成

その上で、ビジネス活用においては自社や産業データを学習・参照させ、より踏み込んだ活用を図ることが重要だ。そのためのアプローチとしてRAG (p.46) やファインチューニング (p.48) 等のアプローチに触れ、それにより生まれている3段階の生成AI活用や、生成AIを組み込んだDX戦略の姿として「生成 DX戦略」（ジェネレーティブ）（生成AI活用2.0/生成AI活用3.0）について紹介する。

- 生成AI活用1.0：生成AI単独活用での効率化
- 生成AI活用2.0：自社・産業データと生成AIを組み合わせたオペレーション変革
- 生成AI活用3.0：生成AI活用によるビジネスモデル強化、顧客・社会価値創出

既存のモデル活用←	→RAG / ファインチューニング（自社/産業データ投入）	
生成AI単独活用	生成DX戦略（生成AIを組み込んだDX戦略）	
生成AI活用 1.0	生成AI活用 2.0	生成AI活用 3.0
生成AI単独活用での効率化	自社・産業データと生成AIを組み合わせたオペレーション変革	生成AI活用によるビジネスモデル強化、顧客・社会価値創出
・文章の構成・たたき台作成 ・要約・まとめ・分類 ・アイデアブレスト・壁打ち ・調査・リサーチ ・言語翻訳・校閲 ・プログラミング・制御コード生成 ・画像、動画生成	・現場ノウハウ体系化・引き出し ・顧客・従業員のパーソナライズ対応・体験 ・複数組織・拠点管理の半自動化 ・Generative Design による設計自動化 ・素材探索・創薬の自動化・用途探索 ・フレキシブル機器・ロボット制御 ・業務プロセスのAIエージェント化 ・交渉・企業間コミュニケーション自動化	・自社ノウハウの外販（生成AI活用サービス）による新規ビジネスモデル ・既存ITサービスの生成AI組み込みでの顧客価値強化 ・環境・社会価値創出の効率的対応

生成AI活用段階と生成DX戦略

　第2章では生成AI活用2.0として「自社・産業データと生成AIを組み合わせたオペレーション変革」のアプローチの構造や事例について触れる。切り口としては次の通りだ。

① 現場ノウハウ体系化・引き出し
② 顧客・従業員へのパーソナライズ対応・体験
③ 複数組織・拠点管理の半自動化
④ Generative Designによる設計自動化
⑤ 素材探索・創薬の自動化・用途探索
⑥ フレキシブル機器・ロボット制御
⑦ 業務プロセスのAIエージェント化
⑧ 交渉・企業間コミュニケーション自動化

第3章では生成AI活用3.0として「生成AI活用によるビジネスモデル強化、顧客・社会価値創出」のアプローチの構造や事例について触れる。切り口としては下記の通りだ。

① 自社ノウハウの外販（生成AI活用サービス）による新規ビジネスモデル
② 既存ITサービスの生成AI組み込みでの顧客価値強化
③ 生成AIを活用した環境・社会価値創出の効率的対応

第4章では今後生成AIの活用が広がる産業の世界の中で、ポイントとなってくる論点について触れる。まず、合成データ、システムデータ連携、メタバース・デジタルツイン等と生成AIがいかに融合し進化をしていくのかについて触れる。

その上で、生成AIによってデジタルビジネスにおけるメガ企業と個別企業の戦い方の変化や、システムインテグレータ・コールセンター等の人工ビジネスと呼ばれていた産業がどのように変化するのか、製造業やモビリティのあり方はどう変化するのかについて記載している。さらに自治体での生成AI活用や、社会システム全体における生成AIの位置づけについても言及する。

第5章では生成AI時代に生まれるプレイヤー構造と、それぞれの代表例、言語モデルのパターンごとの開発や展開の行方、収益モデルなどについて触れる。

　第6章においては生成AIビジネス展開に向けた手引きとして、ビジネス検討編では生成AIを契機にどのようにオペレーションやビジネス検討を行っていくのかにあたってのポイントについて触れる。また、生成AI導入・展開編においては生成AIの活用を社内でいかに拡げていくのか、その展開にあたってのいくつかのポイントについて触れる。

　最後に、終章においては日本企業の生成AI実装経営のもつ可能性として生成AIを活用していく中で日本企業の経営はどのように変化していくのか。組織や人の役割・クリエイティビティの変化、経営層の役割の変化などについて触れたい。

contents

序章 生成AIビジネス活用事例を知る意味 …………………………………………… 2
目次 ……………………………………………………………………………………… 6

第1章 生成AIがビジネスモデルに変革をもたらす　　17

section1 生成AIについて　　18

生成AIとは何か ……………………………………………………………………… 18
個別対応ではなく汎用対応が可能となる …………………………………………… 18
人員不足が進む中で、各企業の業務効率を圧倒的に向上 ………………………… 19
既存業務の効率化でイノベーション創出など波及効果 …………………………… 20
プロンプトエンジニアリングの重要性 ……………………………………………… 21
今までの産業コンセプトの進化と生成AIとの融合 ………………………………… 23
現場の個別対応の限界と生成AIの価値 ……………………………………………… 27
本書における生成×AIの範囲 ………………………………………………………… 28

section2 生成AIの活用により生まれるビジネス（土台編）　　29

(1) 文章の構成・たたき台作成 ……………………………………………………… 30
　Case ECにおける商品説明文の生成（イオン） ………………………………… 31
(2) 要約・まとめ・分類 ……………………………………………………………… 33
　Case 議事録作成プロンプト（日清食品グループ） …………………………… 33
(3) アイデアブレスト・壁打ち ……………………………………………………… 34
　Case プロモーションアイデアブレーンストーミング（日清食品グループ） … 35
(4) 調査・リサーチ・分析 …………………………………………………………… 36
(5) 言語翻訳・校閲 …………………………………………………………………… 37
(6) プログラミング・制御コード生成 ……………………………………………… 38

Case	プログラムコードの生成AI提案(GitHub Copilot)	40
Case	現場一人ひとりによるデジタル改善・アプリ開発(住友ゴム)	41
Case	AIアルゴリズム生成 AutoML(富士通)	41

(7)画像・動画生成 ……… 43
| Case | バーチャルAIモデル(AI model) | 43 |
| Case | AIモデル撮影スタジオ事業(ISETAN STUDIO：三越伊勢丹) | 45 |

section3 汎用生成AIをより自社・産業業務にカスタマイズする　　46

(1) RAG (Retrieval Augmented Generation) ……… 46
(2) ファインチューニング ……… 48
産業・自社データを活用して精度を高めるために ……… 48

section4 生成AIビジネス活用の3つの段階モデルと 生 成(ジェネレーティブ)DX戦略　　50

第2章 生成AI活用2.0(自社・産業データと生成AIを組み合わせたオペレーション変革)における活用事例　　53

section1 現場ノウハウ体系化・引き出し　　54

方向性①	マニュアルや日報・技術報告書等を「引き出せるノウハウ」に	55
Case	技術ナレッジ活用AIシステム(竹中工務店)	55
Case	生成AI×設備マニュアル／日報(オムロン)	56
方向性②	設計情報にノウハウを蓄積	58
Case	設計情報に熟練ノウハウを集約し抽出(Blooplinter：LIGHTz)	58
方向性③	ドキュメント化されていない暗黙知の活用	59
Case	インタビュー・ワークショップを通じた知識伝承AIシステム構築(ライオン)	60
Case	生成AIナレッジデータベース(オムロン)	61

section2 顧客・従業員へのパーソナライズ対応・体験　　64

顧客やターゲットセグメントへのカスタマイズマーケティング ……… 64

- Case 生成AIによる広告・顧客体験の変化（∞AI：電通デジタル） ……………… 64
- Case バーチャル生活者の生成（博報堂） ……………………………………… 66
- AIエージェントによる顧客への課題解決 ……………………………………… 68
  - Case ECの生成AI検索（ウォルマート） ……………………………………… 68
  - Case 生成AIとの悩み相談を通じた商品提案（ロレアル） ………………… 69
- 今後の検索のあり方の変化 …………………………………………………… 70
- 従業員へのパーソナライズコミュニケーション …………………………… 72
  - Case 人型AIアシスタント（クーガー／ファミリーマート・オートバックス） ……… 73

section3　複数組織・拠点管理の半自動化　75

- 本社と複数拠点とのナレッジ共有を効率化 ………………………………… 75
  - Case 各店舗からのレポート・顧客の声の効率的集約・分析（イオン） ……… 75
- 複数拠点・店舗・ライン等のパフォーマンスを自動で分析して共有 ……… 76
  - Case AI製造部長（旭鉄工） ……………………………………………………… 76

section4　Generative Designによる設計自動化　78

- Generative Designとは ……………………………………………………… 78
  - Case 大規模製品モデル（Autodesk） ……………………………………… 79
  - Case 設計自動化の5段階レベル（PTC） …………………………………… 80
- マスカスタマイゼーション×Generative Design ………………………… 81
- 建設・都市にも広がる自動設計 ……………………………………………… 82
- 製造業の民主化が起こる ……………………………………………………… 83
  - Case 写真・スケッチからのGenerative Design／
　　　　ものづくりの民主化（ダッソー・システムズ） …………………………… 83
- 製造ラインも生成する時代へ ………………………………………………… 86
  - Case 生産ラインのGenerative Design（NVIDIA） ……………………… 86
- ロボットシステムインテグレーター（ロボットSIer／ラインビルダー）の変化 …… 87

section5　素材探索・創薬の自動化・用途開発　89

- 素材探索の効率化 ……………………………………………………………… 89

- Case マテリアルインフォマティクスによる素材探索(MI-6)……………… 89
- Case 新規用途探索で売上向上へ(三井化学)…………………………… 91
- 創薬の効率化……………………………………………………………… 92
- Case 標的タンパク質の高速特定(富士通／理化学研究所)……………… 93
- Case AI時代の製薬会社による連携(ゼウレカ)………………………… 93

section6 フレキシブル機器・ロボット制御　　95

- 事前インテグレーションが必須の従来ロボット………………………… 95
- 生成AIとの融合によるロボット・機器の変化…………………………… 95
- 生成AIでロボットの動作をフレキシブルに変化………………………… 96
- Case Generative-AI-Robot(デンソー)………………………………… 96
- ロボットモーションのモデル化で正確な動作を実現…………………… 99
- Case ロボットモーションモデル(産業技術総合研究所)………………… 99
- 実験の生成AIロボット化で研究者のあり方が変わる…………………… 100
- Case フレキシブル実験ロボット(理化学研究所／大阪大学)…………… 100
- 生活や家事でロボットが活躍する時代…………………………………… 102
- Case 自律搬送ロボット・カチャカ(Preferred Robotics)……………… 102
- Case プラントや機器の制御コードの自動生成
  (EcoStruxure Automation Manager：Schneider Electric)……… 102
- 今後デジタルと現実世界の接点となっていくロボット×生成AI……… 103

section7 業務プロセスのAIエージェント化　　105

- 業務ごとのAIエージェントとその連携…………………………………… 105
- システムごとのAIエージェントとその連携……………………………… 106
- Case Nomatica(ノーマティカ)-マルチエージェント-(博報堂テクノロジーズ)…… 107
- Case AIエージェントによる自律企業経営(パナソニック コネクト)…… 108
- Case デジタルレイバー化を見据えた事業変化(NTTデータ)…………… 110

section8 交渉・企業間コミュニケーション自動化　　112

- サプライヤーとの価格交渉・コミュニケーション……………………… 112

- Case サプライヤーとの自動交渉（ウォルマート）……………………………… 113
- Case AIエージェント同士の交渉（NEC）……………………………………… 113

第3章 生成AI活用3.0（ビジネスモデル変化／顧客・環境価値向上）における活用事例 　115

section1 自社ノウハウの外販による新規ビジネスモデル 　116

- 自社の強みを他社外販 ………………………………………………………… 116
- Case カイゼンGAI：製造現場でのカイゼンノウハウの外販検討（旭鉄工）……… 117
- Case 自社の校正ノウハウ・データをもとにAI外販化：Typoless（朝日新聞社）… 119
- 自社データをビジネスモデル変化に活かす ………………………………… 120
- Case AI企業へのビジネスモデル転換（プラグ）………………………………… 120
- 「パンドラの箱」を自社が開けるか、他社に開けられるか？ ……………… 122

section2 既存ITサービスの生成AI組み込みでの付加価値強化 　123

- 全てのITサービスにおいて生成AI組み込みが必須となる ………………… 123
- 生成AIサービスと自社コアデータの掛け合わせ …………………………… 123
- Case 自社独自データセットをもとにした生成AI顧客サービス展開（ベネッセ）… 124
- 生成AIで自社サービスの利便性向上 ………………………………………… 125
- Case 顧客価値を向上させるAI利用（LIFULL）………………………………… 126
- 製品のサービス化×生成AI …………………………………………………… 130
- Case ものづくり企業のソリューション展開の加速化（住友ゴム）…………… 130

section3 環境・社会価値創出の効率的対応 　132

- サステナビリティ×生成AIの方向性 ………………………………………… 132
- 機器制御を通じた使用電力・エネルギー削減 ……………………………… 133
- Case 生成AIを用いたビル空調制御（三菱電機）……………………………… 133
- Generative Designによる環境対応設計への変更 …………………………… 134
- サーキュラーエコノミー対応×生成AI ……………………………………… 134

第4章　さらなる生成AI活用論点　137

section1　合成データと生成AI　138

- 合成データとその価値　138
- 方向性①　ロボット学習効率化　139
  - Case　倉庫ロボットの3D学習データ合成（Amazon）　139
- 方向性②　自動運転学習効率化　140
  - Case　自動運転車・航空機自動航行開発（テスラ・ウェイモ・エアバスなど）　140
- 方向性③　合成データを用いた検査システム開発効率化　141
- 方向性④　医療等での個人情報データの連携・活用　141
  - Case　東京大学での合成データ×データ連携の取り組み（東京大学 小塩准教授）　142
- 自社独自データの合成データを用いた拡張・事業化　145
  - Case　仮想人体生成モデルの事例（花王）　145
- データがなくてもDXを試すことができる　146

section2　システム・データ連携と生成AI　148

- 業務システムと生成AIの融合　148
  - Case　システムと生成AIを連携させフレキシブルなデータ抽出・分析（日清食品グループ）　149
- データ連携とは　150
  - Case　データ連携と生成AIの融合と進化（東京大学 越塚登教授）　151

section3　メタバース／デジタルツイン×生成AIの融合　153

- 生成AIでメタバース・デジタルツインを効率的に「作る」　154
  - Case　衛星データから都市3Dモデルの自動生成（スペースデータ社）　154
  - Case　ゲームエンジン×生成AIでの3D空間の効率生成（Unity）　155
  - Case　生成AIを活用したメタバースの付加価値向上（NTTコノキュー／αU）　156
- 生成AIでメタバース・デジタルツインを効果的に「使う」　157

- Case インフラメタバース×生成AI（日立製作所）……………………………… 158
- Case シミュレーションアルゴリズムの自動生成（Ansys）…………………… 159

section4 産業のビジネスモデルの変化一例　161

- デジタルビジネスのポジショニングの変化………………………………………… 161
- 人工ビジネスの変化………………………………………………………………… 162
- Case コンタクトセンターの変化（ベルシステム24）………………………… 163
- ものづくり・製造業の変化………………………………………………………… 164
- 膨大なデータを現場が生成AIで分析し自律カイゼン…………………………… 165
- Case 製造業の未来としての自律型生産工場（SIEMENS）………………… 165
- Case セミオート製造業の実現（キリン）……………………………………… 171
- モビリティ・自動車の変化………………………………………………………… 172
- Case 複雑な状況理解ができる基盤モデルで完全自動運転を目指す（Turing）……… 173

section5 社会システムと生成AI　175

- 人口減少時代の自治体と生成AI…………………………………………………… 175
- Case AI市長アバターによる英語発信／法令のわかりやすい発信（横須賀市）…… 175
- Case AI活用ガイドライン・活用事例集の展開（東京都）…………………… 177
- ダイバーシティと生成AI…………………………………………………………… 178
- 生成AIの進化と、社会におけるリスク…………………………………………… 178

第5章　生成AIキープレイヤーと言語モデル開発　181

section1 キープレイヤーの生成AI活用戦略　182

- 生成AIプレイヤーマップ…………………………………………………………… 182

section2 言語モデル開発の行方　186

- 汎用LLMの高速進化………………………………………………………………… 187

個別業務カスタマイズモデル………………………………………………………… 187
Case 個別モデルLLM「cotomi」の展開（NEC）………………………… 188
特定言語特化モデル…………………………………………………………………… 189
オープンモデルLLMの展開…………………………………………………………… 190
Case オープンコミュニティ化による共同でのLLM強化（IBM）…………… 191
Case 日本語性能を強化した言語モデルを高速展開（ELYZA）……………… 192
言語モデルは用途ごとに組み合わせるマネージドサービスへ…………………… 193
LLM自体は収益源ではなく、LLMを起点にどうビジネスモデルを設定するか… 194
Case LLM「も」活用する顧客課題ソリューションが収益源（富士通）…… 194
Case オープンソースLLM展開を通じてプラットフォーム事業を拡げる（ABEJA）… 196
Case GPUを含む生成AI垂直統合展開（Preferred Networks）………… 196

第6章 生成AIビジネス展開に向けた手引き   199

section1 【ビジネス検討編】いかにAIを戦略に組み込むか   200

技術完璧主義の脱却とAI時代の「戦略的割り切り」の重要性………………… 200
AI活用を前提としたオペレーションの再設計へ…………………………………… 201
Case AI前提のオペレーションの構築とグループ内への拡大（ベネッセ）…… 203
AIでイノベーションのあり方が変わる……………………………………………… 205
Case 既存事業効率化×新規価値創出でのAI活用（東京海上HD）………… 206
新規事業創出に繋がる………………………………………………………………… 208
Case 新規事業支援「AIかべうち君」「AIしらべる君」（リクルート）…………… 208
自社のデータの価値・持ち方を再定義する………………………………………… 209
学習データの戦略的な集め方が重要となる………………………………………… 211
Case 無料版ソフト提供を通じて学習データ蓄積（Autodesk AI）…………… 211
Case データに対するインセンティブの仕組み設計（Adobe）………………… 211

section2 【生成AI導入・展開編】いかにAI活用を拡げるか　213

- 短中長期のユースケースを見定める ……………………………………… 213
- 「生成ありき」ではないAI・デジタル活用 ………………………………… 214
- 既存デジタル・自動化技術との掛け算 …………………………………… 215
- **Case** AI時代の物流データ整備（SGホールディングス）……………… 216
- とにかく小さく、早く実践する ……………………………………………… 217
- 攻めるための守りを固める ………………………………………………… 218
- **Case** 「攻めるための」AIガバナンスの整備（リクルート）……………… 220
- アーリーアダプターから成功事例を作る ………………………………… 222
- 徹底した標準化・テンプレート化と横展開 ……………………………… 222
- 現場から主導的に取り組みが進む土壌を作る ………………………… 224
- **Case** 200以上のアイデアを現場から引き出す（三菱UFJ銀行）……… 225

終章　日本企業の生成AI実装経営のもつ可能性　227

section1 生成AI時代の組織のあり方の変化　228

- 中間とりまとめ業務の比重が大きい日本企業……………………………… 228
- 意思決定と現場実行に比重がシフト ……………………………………… 229
- 業務における時間の使い方が変化………………………………………… 230
- 生成AIでより人が成長する組織へ ………………………………………… 231
- **Case** 生成AIでより若手が成長する組織へ（三井住友銀行）………… 231
- 若手・中途社員の立ち上げや、ベテランの知識補完を支え組織を底上げ …… 232
- 生成AI時代に新たに生まれうる組織 ……………………………………… 233
- **Case** AIオペレーション室／人材体制の変化（サイバーエージェント）…… 234

section2 生成AI時代の人の役割・クリエイティビティの変化　237

- 人のクリエイティビティが変わる …………………………………………… 237
- AIを相棒に自らの業務を進化 ……………………………………………… 240

「構想力」と「識別力」……………………………………………………… 240
　　大企業にとっては「人」を持っていることが強みになりうる …………… 241

section3　経営層の変化・その他の役割の変化　242

　　意思決定のスピードをAI時代へアップデート ……………………………… 242
　　Case Chief AI Officer（CAIO）による全社横断検討（博報堂）……………… 243
　　競争・協調領域の再設定が起こる ……………………………………… 244
　　日本企業の海外戦略が変わる……………………………………………… 245

section4　デジタル地政学時代における日本の立ち位置　247

　　Case 大規模言語モデルの開発ノウハウを体系化（理化学研究所）……………… 248
　　トレードオフであった標準化vsカスタマイズが両立する ………………… 249
　　日本企業の新たな戦い方 …………………………………………………… 249
　　現場の暗黙知に強みを有する日本にチャンス…………………………… 251

　　結びとして ………………………………………………………………… 252

本書に関するお問い合わせ

この度は小社書籍をご購入いただき誠にありがとうございます。小社では本書の内容に関するご質問を受け付けております。本書を読み進めていただきます中でご不明な箇所がございましたらお問い合わせください。なお、ご質問の前に小社 Web サイトで「正誤表」をご確認ください。最新の正誤情報を下記の Web ページに掲載しております。

- 本書サポートページ
  https://isbn2.sbcr.jp/26761/

上記ページのサポート情報にある「正誤情報」のリンクをクリックしてください。なお、正誤情報がない場合、リンクは用意されていません。

ご質問送付先

ご質問については下記のいずれかの方法をご利用ください。

▶ Web ページより

上記のサポートページ内にある「お問い合わせ」をクリックしていただくと、メールフォームが開きます。要綱に従ってご質問をご記入の上、送信してください。

▶ 郵送

郵送の場合は下記までお願いいたします。

〒 105-0001
東京都港区虎ノ門 2-2-1
SB クリエイティブ　読者サポート係

■ 本書では2024年10月の情報を元に作成されています。異なる環境では画面や入力キーなどが一部異なる可能性がございます。あらかじめご了承ください。
■ 本書内に記載されている会社名、商品名、製品名などは一般に各社の登録商標または商標です。本書中では®、™マークは明記しておりません。
■ 本書の出版にあたっては正確な記述に努めましたが、本書の内容に基づく運用結果について、著者およびSBクリエイティブ株式会社は一切の責任を負いかねますのでご了承ください。

©2024 d-strategy,inc.　本書の内容は著作権法上の保護を受けています。著作権者・出版権者の文書による許諾を得ずに、本書の一部または全部を無断で複写・複製・転載することは禁じられております。

第 1 章

生成AIがビジネスモデルに変革をもたらす

本章では生成AIがもたらしたインパクトについて振り返った上で、生成AI単独で創出されている、下記の7点の価値や用途について触れる。

その上で、ビジネス活用においては自社や産業データを学習・参照させ、より踏み込んだ活用を図ることが重要だ。そのためのアプローチとしてRAGやファインチューニング等のアプローチに触れ、それにより生まれている3段階の生成AI活用や、生成AIを組み込んだDX戦略の姿として「生成DX戦略」（生成AI活用2.0/生成AI活用3.0）について紹介する。

- 生成AI活用1.0：生成AI単独活用での効率化
- 生成AI活用2.0：自社・産業データと生成AIを組み合わせたオペレーション変革
- 生成AI活用3.0：生成AI活用によるビジネスモデル強化、顧客・社会価値創出

❶ 文章の構成・たたき台作成
❷ 要約・まとめ・分類
❸ アイデアブレスト・壁打ち
❹ 調査・リサーチ・分析
❺ 言語翻訳・校閲
❻ プログラミング・制御コード生成
❼ 画像・動画生成

section 1 生成AIについて

生成AIとは何か

　生成AI（Generative AI）とは従来のAIのように特定のタスクを実施するのではなく、プロンプトの指示にもとづき新しいコンテンツ（文章・画像・音声・動画等）を生成するAIの総称だ。主な分類ごとの一例は下記の通りだが、マルチモーダル化[※1]によって、その垣根は小さくなりつつあるのが現状だ。

- テキスト系生成AI例：ChatGPT（OpenAI社）、Claude（Anthropic社）、Llama（Meta社）、他（詳細プレイヤーについては後述）
- 画像系生成AI例：Stable Diffusion（Stability AI社）、Midjourney（Midjourney社）、Firefly（Adobe社）、DALL-E（OpenAI社）等
- 動画系生成AI例：Sora（OpenAI社）、Veo（Google社）、Runway（Runway社）等

　このうちテキスト系生成AIは膨大なデータをもとに、文章やデータの関係性や繋がりを学習している。次に続く文章や単語の出現確率を推定してコンテンツを生成する仕組みだ。自然な言語での受け答えや、文章生成が可能であり、さまざまな用途で活用がなされている。

個別対応ではなく汎用対応が可能となる

　従来のAIは特定の業務に最適化した学習が必要であり、AIエンジニアやデータサイエンティスト等の専門家が、個別に構築する必要があった。そのため、AI人材・データサイエンティストの人材が不足する中で、個々の業

※1：文章のみのように1つの機能だけではなく、複数の形式を取り扱えるようにする手法

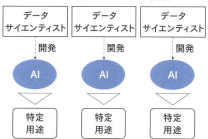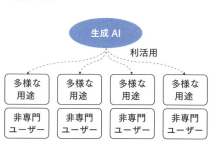

図1-1　生成AIの幅広いタスクへの対応

務に柔軟に寄り添ったAI導入にはハードルがあった。しかし、生成AIの登場によってこの構造が一気に一般ユーザーへと「民主化」した（図1-1）。

AIモデル構築後は、非専門ユーザーであっても後述する「**プロンプト**」と呼ばれる指示文でAIに対して指示をすることで、様々なタスクを柔軟に実施させることができる。これらの汎用性や利用のし易さから、生成AIは個人や企業における注目を集め、爆発的に多くのユーザーを獲得した。

2022年11月にOpenAIが生成AIチャットサービスのChatGPTを発表してから、1億人のアクティブユーザー獲得までにかかった期間はわずか2ヵ月であった。この記録は現在はMeta社のSNS、Threadsが最速となっているが、当時の史上最速の記録である。今後AI開発のあり方が用途ごとに個別に構築する形式から、基盤モデルを構築し、様々な用途に展開していく形式へと大きく変化することになる。

人員不足が進む中で、各企業の業務効率を圧倒的に向上

生成AIは個人での利用のみならず、企業での様々な業務に導入・活用が進んでいる。テキスト系を中心とした生成AIサービス自体の活用としては詳細を後述するが、次の活用方法等が広がっている。

❖ **主な生成AIにおける活用の方向性**
① 文章の構成・たたき台作成
② 要約・まとめ・分類
③ アイデアブレスト・壁打ち
④ 調査・リサーチ・分析
⑤ 言語翻訳・校閲
⑥ プログラミング・制御コード生成
⑦ 画像・動画生成

　様々な業界での人材不足・高齢化が深刻化している中で、デジタル技術を活用した業務効率化は企業の喫緊の課題だ。今までは日本は現場人材に強みを持っており、デジタル化せずとも品質の高いオペレーションを維持してきた。しかし、熟練ノウハウを持った人材が高齢化・退職し、新たな人材もコロナ禍以降さらに採れなくなっている。

　そうした中で、負荷が高まり、強みであった現場で品質問題が多発するなど、従来のオペレーションのあり方に限界が見え始めていた。こうした背景の中で、生成AIの業務での活用が進み、業務効率を圧倒的に向上させている。下記がその活用による業務時間の削減結果・試算の一例だ。

- 三菱UFJ銀行：22万時間 業務削減（月平均/試算）
- あずさ監査法人：22万時間 業務削減（年間）
- パナソニックコネクト：18.6万時間 業務削減（年間）
- GMOグループ：107万時間 業務削減（年間）

既存業務の効率化でイノベーション創出など波及効果

　生成AIの業務活用の効果は文書作成・データ分析・プログラミングなどの既存業務・高負荷業務の効率化自体に留まらない。

　まず、AIによる効率化によって業務品質が下がるのではないかと懸念を持つ人もいるが、アプローチ次第で逆に品質を高めることに繋がる。土台部

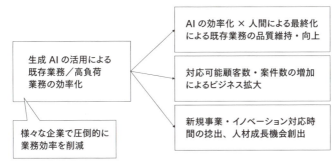

図1-2　生成AIによる既存業務の効率化の波及効果

分はAIで高速にたたき台を作らせて、人間がそれを仕上げることによって、人間にはなかった切り口のアイデアを得ることや、より精度を高める工程に人間が時間を投入することができるようになるのだ。

また、既存業務の高負荷工程を削減することにより捻出される時間が新たな価値を生む。その時間でより多くの顧客・案件を対応することにより売上の増加や、若手が多くの機会を得てより成長できる環境を作ることに繋がる。さらには、海外展開や、日本企業が従来時間やリソースを投入できていなかった、新規事業をはじめとした新たなイノベーションの探索へ人材・時間を投入することにも繋がる（図1-2）。

プロンプトエンジニアリングの重要性

「**プロンプト**」とは、生成AIから応答を引き出すための指示・命令文である。

生成AIには様々な指示（プロンプト）に対して回答を生成できる柔軟性があるものの、業務をはじめ具体的な要求に対して正確な回答を引き出すためには、プロンプトを具体的にする必要がある。そのためプロンプトを最適化する**プロンプトエンジニアリング**の重要性が増している。

先述の通りプロンプトエンジニアリングや、プロンプト例については多くの書籍や、節末に紹介するWebサイト等も存在するため、本書においては深

くは触れないが、意図に沿った回答を得るためには、プロンプトに「ゴール（何を依頼したいのか）」、「前提条件（生成AIに考慮してもらいたい背景情報や、実施してもらいたい役割）」、「出力形式・フォーマット（表形式等）」を含め、具体的に指示を行うことが重要となる。

　今後生成AIの技術進化により曖昧なプロンプトから適切な解釈を実施し、精度の高い回答を行うことや、プロンプト作成自体が自動化していく可能性はあるだろう。だが、当面はプロンプトエンジニアリングの重要性は変わらない。これは人間への指示と同様である。

　ChatGPTが世に出たタイミングにおいて、「生成AIは精度が低い・業務では活用できない」との声もあったが、こうした人の状況をよくよく聞いてみると、プロンプトが十分に設計できていないケースが多い。生成AIについては、「あらゆる分野の博士号クラスや、司法試験・医師免許合格などの知識レベルではトップクラスの『新入社員』が入社し、業務の依頼をしている」ことを想像するとよいだろう。

　そうした際に、ざっくり「あれ、よしなにやっておいて」では十分な業務は実施できない。具体的には、何を実施してもらいたいか、業務の前提知識や、手順、期待値を伝えることが重要だ。それと同様に、プロンプトにおいてもこうした情報を具体的に示すことも重要である。

　生成AIへの指示としてのインプットが曖昧であれば、アウトプットも曖昧な回答となる。生成AIに指示する側の言語能力が問われていると言ってよいだろう。加えて、1回の出力で全て回答を得ようとするのではなく、数回のコミュニケーションの中で、出力されたものに対して「この部分をもっと具体的に教えて」など深堀りする質問をしていくことで得たい回答を引き出す。これも、対人間においてと同様だ。

　プロンプト作成については、次のようなプロンプト集やガイドが存在するとともに、企業であれば企業内で展開されているプロンプトテンプレート等が共有されているケースも多い。図1-3は東京都が公開しているプロンプト事例だ。こうした土台をもとに業務に合わせて調整をしていく使い方が効率的だ。本書においてはユースケースに重きを置き、プロンプト自体の提示は

図1-3　東京都が公開しているプロンプト事例集　　　　（出所：東京都）
https://www.digitalservice.metro.tokyo.lg.jp/documents/d/digitalservice/ai_prompt

紙面の関係で多くは触れない。次のWebサイト等を参考にしてもらえれば幸いである。

❖ 参考URL
- Prompt Engineering Guide：https://www.promptingguide.ai/
- プロンプト集（Promptia）：https://prompt.quel.jp/

今までの産業コンセプトの進化と生成AIとの融合

　生成AIは、今までの産業コンセプトが進化していく中で、生まれた課題に対応する形で、コンセプト自身と融合して進化していると捉えることができる。厳密には入り組んだ形の変化であるものの、製造業を例に、今までの産業コンセプトを大きく単純化すると図1-4となる。それぞれの変化と、現代に残した課題について見ていこう。

① インダストリー 1.0/2.0：機械化・自動化

　産業の歴史を紐解くと、最初の大きな変化としてインダストリー1.0（蒸気・水力による機械生産革命）、インダストリー2.0（電気を使用した大量生

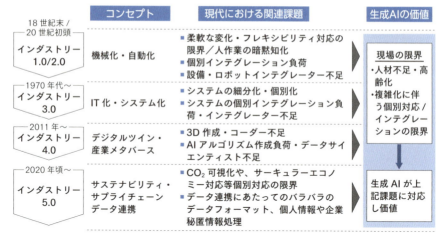

図1-4　産業コンセプトの進化に伴い生まれた課題と、生成AIによる対応

産設備による革命）があげられる。

　ここでは現在のロボット・工作機械等の自動化に繋がる変化が起こり、この変化の中で単純作業かつ重労働の工程は、機械化・自動化されていった。こうした設備・機器の導入には、機器を購入してすぐに導入できるわけではなく、業務に合わせたインテグレーション（システム全体の企画・構築・導入・据付等）が必要となる。

　製造業内部の生産方法や製造ラインの検討を行う生産技術組織や、依頼を受けてインテグレーション業務を行う生産設備システムインテグレーターやラインビルダーと呼ばれる存在がそれを担う。現在では、顧客ニーズの多様化や、製品ライフサイクルの短期化により多品種少量生産等、柔軟なラインが求められている。だがその中で、生産技術人材や、システムインテグレーターの高齢化・人材不足が相まって、複雑化する設備・ライン要求への個別対応に課題が存在していた。

❖ 現代における課題
- 現場暗黙知の残存、熟練技能者の退職・高齢化
- 生産技術・インテグレーターの人手不足
- 多品種少量生産ラインなど設備・ライン要件の複雑化
- 上記に伴う個別インテグレーションの限界

② インダストリー3.0：IT化・システム化

続いてインダストリー3.0（自動化設備・ITシステムによる革命）が起こる。自動化部分は①で触れているので、ここではIT化・システム化に力点を置いて説明する。

システム化により多くの業務システムが導入された。例えば経営のリソース管理にはERP（企業資源計画システム）[※2]、サプライチェーン管理にではSCMシステム[※3]、製造実行ではMES（製造実行システム）[※4]といったものだ。また、機器のデータを収集し予知保全を行ったり、サービスに繋げる上であらゆる機器にセンサーが設置されたりし、IoTでデータを収集し分析を行っている。

これらにより、オペレーションの可視化・管理や、データにもとづく意思決定が可能となった。一方で、多くのシステムが業務の中で必要であり、それぞれシステムが細分化・個別化している。そのため、データフォーマットがバラバラの中で情報を統合したり、それぞれのシステムの情報を横断で全体を把握したりする負荷や工数がかかることとなった。

こうしたシステムを導入する上では、上記の機器と同様に、業務に合わせたシステムインテグレーションが必要であり、自社のIT人材で対応できない企業も多く、そうした企業はシステムインテグレーターなどの外部に依存することとなった。

❖ 現代における課題
- システムの複雑化・個別化

※2：ERP（Enterprize Resource Planning：企業資源計画システム）：経理・財務、購買、人事、在庫管理、生産管理、CRM、BI、販売管理などの情報を全て一元管理するシステム
※3：SCM（Supply Chain Management）システム：企業のサプライチェーン）：原材料の調達から消費者に販売するまでのモノの流れのサプライチェーン全体を一元管理し、最適化するためのシステム
※4：MES（Manufacturing Execution System：製造実行システム）：企業全体の経営指標や生産計画の管理を担う上位層のITシステムと、各工場の生産設備を動作させるための各種制御機器やセンサの中間に位置しているシステム。両者を接続する役割であり、製造工程への製造指示や現場作業者の支援、生産実績データの収集や分析、製品の品質管理や生産設備のメンテナンス等で活用される

- データフォーマットの個別化によるデータ統合の負荷
- IT人材不足による外部依存・高コスト化
- 自社で構想から構築までをフレキシブルに行うリソースの不足

③ インダストリー 4.0：産業メタバース・デジタルツイン（サイバーフィジカルシステム）

　その上で、ドイツが提唱したインダストリー 4.0が拡がる。「**サイバーフィジカルシステムを通じた産業革命**」を意味しており、概念は広いが、その中の一つが**デジタルツイン**と呼ばれる現実空間の双子である仮想空間を整備し、変化に対応してデジタル上でシミュレーションを実施して、対応していく姿だ。

　そこから、製品・建物・製造ラインなどの個別のデジタルツインをより統合し、工場全体や、倉庫全体、建物・都市全体を可視化・シミュレーションする産業メタバースへと拡張してきている。人材不足や、熟練者の退職等により、遠隔でも管理ができ、共通言語として直感的に理解できる産業メタバースへの期待が拡がっている。しかし、産業メタバースを構成する3Dを作成できる人材の不足や、シミュレーションにあたってのAIアルゴリズムの作成負荷、データサイエンティスト不足等が課題となっている。

❖ 現代における課題
- 3D作成人材の不足
- AIアルゴリズム作成負荷、データサイエンティスト不足

④ インダストリー 5.0：サステナビリティ・サプライチェーンデータ連携

　最後に、インダストリー 4.0の次の姿を紹介する。欧州委員会が提唱しているインダストリー 5.0（サステナビリティ、レジエンス、人間中心）や、ドイツが提唱しているインダストリー 4.0 vision2030（サステナビリティ、インターオペラビリティ、自己決定性）などが提示されているが、共通点として重要なのが**サステナビリティ**だ。

一例としてCO_2排出量可視化や、再生材素材への設計変更、リサイクル対応など個別の対応が求められ、現場負荷が増大している。また、CO_2排出量可視化においては、Scope3と呼ばれるサプライヤー等も含むサプライチェーン全体でのデータ把握が必要であり、データスペース（データ共有圏）と呼ばれる企業横断でのデータ連携の検討が進んでいる。

　こうしたデータ連携においてはデータフォーマットがバラバラであることや、個人情報や企業秘匿情報の処理等の実施にあたっての課題が存在する。

❖ 現代における課題
- サーキュラーエコノミー対応など個別対応の限界
- データフォーマットの個別化によるデータ連携が困難
- データ連携にあたっての個人情報・企業秘匿情報等の処理の必要性

現場の個別対応の限界と生成AIの価値

　今までみてきた自動化やデジタル化等の既存の産業コンセプトから生まれていた課題は、現代も残っている。さらに、サイロ化・複雑化に伴う現場個別対応・インテグレーション負荷が高まっている中で、熟練者の高齢化と退職・IT/AI人材の不足等が追い打ちをかけ、「**現場個別対応の限界**」の状態に陥っている状態とみることができる。こうした状況下で生成AIが登場し、大きく状況を変えてきているのだ。

　まず、システムコードやロボット・機器の制御コードの自動生成、3D環境の自動生成等により大幅にインテグレーション負荷が軽減している。その他、ロボット・機器・製造ライン、システム等を個別の用途に合わせてフレキシブルにカスタマイズをしやすくするとともに、人間が行っている業務の暗黙知を生成AIに学習させ、体系化して引き出すことができるようになっている（図1-5）。これら生成AIが企業のオペレーションやビジネスモデルにもたらしている変化について事例とともに詳細を後述する。

| インダストリー1.0～5.0が生んだ現代における産業課題 | | 生成AIによる打開の方向性例 |

「現場個別対応の限界」	
■ 熟練者の高齢化と退職 ■ IT/AI人材等の不足 ■ サイロ化・複雑化に伴う現場個別対応・インテグレーション負荷の高まり	● 現場暗黙知の体系化・引き出し ● フレキシブルなロボット・機器制御による柔軟なオペレーションの実現 ● 個別タスク・用途への文書・システムカスタマイズ ● システムコードやロボット・機器制御コードの自動生成によるインテグレーションの効率化 ● AI/シミュレーションアルゴリズムの生成 ● Generative Design（設計自動化）や3D生成の自動化 ● データフォーマット変換と、個人情報・秘匿情報マスキング

図1-5　現在における産業課題と生成AIによる打開の方向性例

本書における生成×AIの範囲

　本書においては、一般的な狭義の生成AIとしてのテキスト系生成AIや、画像系生成AIなどの他に、幅広い広義の観点で「生成」AIを扱う。下記がその一例だ（図1-6）。

- Generative Design（設計要件を入力することで設計を自動生成）
- 合成データ（元データと同様の特徴を持つデータを生成）
- マテリアルインフォマティクス（新規素材等のターゲットの仮説を生成）

　また本書での事例については生成AIのみを活用しているのではなく、既存のAIの仕組みや、デジタル技術等の組み合わせで実施されている。重要なのは手段としての技術（How）ではなく、どのようなミッションで（Why）、何を実施したいのか、どのようなビジネスモデル・オペレーションモデルを実現したいのか（What）といった目的である。

　本書はこうした生成AIを契機として、新たなDX（生成DX〈ジェネレーティブ〉）のユースケースについて触れている。少しでも読者にとって、自社での活用を考えるきっかけや、インスピレーションになれば幸いである。

図1-6　本書における広義の「生成」AIの範囲

section 2 生成AIの活用により生まれるビジネス（土台編）

　生成AIにはテキスト系、画像系、動画系が存在しており、マルチモーダル化により垣根がなくなってきているものも存在する。先述の通り、様々な用途においてビジネスの中で活用がなされている。そのうちテキスト系などでは、一例でしかないが、図1-7のような活用が進んできている。

価値	具体タスク一例
文章の構成・たたき台作成	■企画書・プレゼンテーション資料構成案出し ■スピーチ原稿案、ビジネスレポート案出し ■プレスリリースや求人項目の作成 ■メール・問い合わせへの返答 ■製品紹介文の作成
要約・まとめ・分類	■文章のサマライズ・要約 ■議事録・レポートの作成 ■情報の整理・カテゴライズ ■アンケートの収集・分析
アイデアブレスト	■企画・事業案出し ■リスク・メリット／デメリットの洗い出し ■会議のアジェンダ出し ■想定質問の洗い出し ■書籍・論文のタイトル出し ■顧客ニーズのブレーンストーミング（洗い出し）
調査・リサーチ、分析	■マクロトレンド情報収集 ■初期市場調査、情報収集・分析 ■財務分析
言語変換・校閲	■メール添削 ■契約書の簡単なチェック ■文章の翻訳、英語チェック ■文章の校正、箇条書きの文章化
プログラミングコード生成	■プログラムコード、Excel関数の生成 ■アプリケーション開発、システム開発の効率化

図1-7　テキスト系生成AIにおける具体タスク一例

図1-8 日清食品グループにおける各組織での生成AI活用例
（出典：日清食品ホールディングス）

例えば図1-8は日清食品グループによる各部門での生成AI活用の一例であるが、営業・マーケティングや、経営管理・企画、品質・生産管理、バックオフィス組織など、かなり幅広い業務において活用が広がっていることがわかるだろう。

(1) 文章の構成・たたき台作成

生成AIは文章生成能力に長けており、構成やたたき台を作る上では十分な質で作成することができる。メール文章や、社内決裁文書、報告書、スピーチ・プレゼンテーション原稿など様々な文章の作成だけでなく、文章を書く前に構成や目次、入れ込むべき内容等を検討するにあたり、生成AIにたたき台を作成させることなども可能である。

コールセンターの顧客対応においてチャット型AIで顧客対応を自動化することや、オペレーター支援のための顧客への回答や、対応結果の報告内容のたたき台を生成AIが生成するなどといった活用が広がっている。また、派生した価値として、特定の役割を付与して会話を生成してシミュレーショ

ンを行うロールプレイングの活用もされる。

　例えば、商談における営業のロールプレイングであれば、生成AIに顧客役をしてもらい営業トークを実施し、自分の営業マンとしてのやりとりについて分析をさせることはもちろん可能だ。日清食品グループでは、ユーザー側が顧客を担当し、生成AIに自社営業の役を担わせることで、得意先の視点から「どういった営業をされると買いたいと感じるのか」の気づきを得ることにも活用されている。

　また、文章を様々な立場の視点に立って再構成を行うことも可能だ。「小学生でもわかりやすいように」「技術に詳しくない経営者でもわかるように」など指示をすることで、コンテンツの調整が可能である。

Case ECにおける商品説明文の生成（イオン）

　文章作成の用途の例としてイオンの取り組みを見てみよう。小売大手のイオンはホールディングスのデータイノベーションセンターにおいて、グループ全体のデータ戦略や生成AI活用を検討している。文章生成においてはEC（ネット販売）に商品登録する際の商品の情報や要約、キャッチコピーの生成、検索タグの自動登録に生成AIを活用している（図1-9）。

　イオンでは日々様々な商品が展開されるため、商品情報の記載に多くの時間と労力が必要となっていた。そこで、同社は生成AIに過去のEC商品の説明文やキャッチコピー等を参照させた上で、新たに登録する商品の説明文のたたき台を生成AIに作らせ、担当者が確認・最終化することにより、60％もの工数を大幅に削減している（図1-10）。膨大な数の商品情報を登録するにあたり、人間では登録点数が増える中で疲労等から品質が下がる傾向にあったが、AIにおいては数が増えても品質が安定している。

　その他、店舗内における業務としては、POP画像生成等を生成AI活用で行う取り組みをしている。

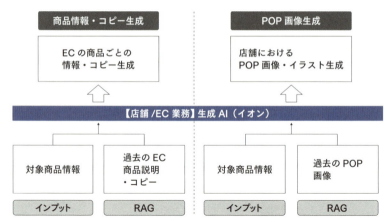

図1-9 店舗／EC業務におけるイオンの生成AI活用

図1-10 イオンにおける商品説明自動生成AI　　　　　　（出所：イオン）

❖ 活用一例

- ECにおける商品情報の作成
- プレゼンテーションにおけるストーリーライン・構成の作成
- 報告書・申請書等の作成
- 研修や授業のテストの作成・採点の実施
- プレスリリース文言作成
- 営業・商談のロールプレイング
- 顧客の立場にたったメール文の作成
- 社内問い合わせ・コールセンター回答のたたき台作成

(2) 要約・まとめ・分類

　生成AIは長い文章を要約することや重要なポイントを抽出してまとめることに長けている。論文やレポート等の要点を抽出することや、会議の議事録としてまとめや結論などを抽出できる。業務において議事録作成等は必要不可欠であると同時に、多くの時間がかかる高負荷業務であったが、こうした業務から別の業務へと人の投入時間をシフトさせることにも繋がっている。

　また、研究者等においては多くの論文を読み込む必要があったが、論文の要約を瞬時に提示することで多くの論文を短時間で読み込むことができるようになり、研究のあり方やR&Dなどのスピード向上にもつながっている。

Case　議事録作成プロンプト（日清食品グループ）

　議事録作成は生成AIの業務活用において最も汎用的な用途だろう。現在、既存の音声認識AIを活用し、Web会議ツールで発言内容を文字起こしする機能や、音声から文字起こしするツールが存在している。これらで文字起こしをした上で、生成AIに指示することで、議事録の作成が可能となる。図1-11が日清食品グループにおける議事録作成のプロンプトの例だ。

図1-11　日清食品グループでの議事録作成のプロンプトテンプレート
（出典：日清食品ホールディングス）

❖ 活用一例
- 会議の議事録作成
- コールセンターにおける会話内容の要約
- 契約書のリスク分析、報告書・レポート・論文等の要約
- 他社IR資料・公表資料の要約
- 営業トーク分析

(3) アイデアブレスト・壁打ち

　生成AIは、新規事業やキャッチコピーの立案などにおいて多く活用されている。

　人間にとって、短期間で100個、200個アイデアを出すということはかなり負荷が高い行為だが、生成AIは多くの切り口をすぐに作ることができる。多様な視点や多くの切り口は、一人の人間だけでは出し切ることに限界があり、抜け漏れも発生する。これらを補完する位置づけとしても、活用の余地が大きい。

　たたき台を生成AIに作らせて人間がブラッシュアップするパターンや、人間がまず考えて、その上で抜け漏れを生成AIで補完するなど、業種や企業にとってもそれぞれの活用のあり方が模索されている。

　事業や製品開発等でも活用されるデザイン思考ワークショップなどでも、ペルソナに応じたユーザーの視点・嬉しさ等を洗い出すことや、数多くのインサイト（気づき）やアイデアを洗い出すプロセスが重要となる。そうした際も生成AIは短時間で多くのアウトプットを出すことができる。

　加えて、「数値に厳しい投資家」、「ロジックを重視する上司」、「長期でのビジョンを重視する役員」などの役割を与えて、事業案やアイデアにフィードバックや、意見を得て壁打ちをすることもできる。アイデアを発案した人や、事業の未来を考案した経営者が、社内で正式な議論を開始する前に壁打ちとして、アイデアのブラッシュアップを行ってスピード感をもって実行する等、事業開発・創出の速度があがってきている（図1-12）。

図1-12 アイデア発想における生成AIと人の連携のパターン例

Case プロモーションアイデアブレーンストーミング（日清食品グループ）

　日清食品グループは、商品プロモーションのアイデアをブレーンストーミング（アイデアの洗い出し）する際に生成AIを活用している。図1-13のように、まずは商品と関係のない無作為のキーワードを抽出させ、そのキーワードと商品特長を組み合わせてプロモーションアイデアを100個検討させる。

　さらに、インターネット参照機能を使って、一般的に行われていない10案に絞り込ませ、詳細を説明させるといったものだ。このように人間が実施すると多くの時間を要する工程を効率化し、人間のアイデアを補完することに繋げることができる。

❖ 活用一例

- 小売店・自治体・ディベロッパー：催事・イベント等のアイデア出し
- 小売店・メーカー：新製品開発アイデアブレーンストーミング
- 政策アイデアだし、業務課題解決アイデア出し

```
#対象製品
カレーメシ

#製品特長
・お湯を注いで5分でできあがり
・カップ麺と同じ感覚でカレーが食べられる
・ジャンクでやみつきになる味わい

#ターゲット層
Z世代の男性

#手順
[P1]#対象製品に関係のないキーワードを20個無作為に抽出せよ。
[P2]#製品特長を理解した上で、[P1]で抽出したキーワードを#対象製品と組み合わせ、#ターゲット層に訴求するためのプロモーション案を100個検討せよ。
[P3]検討した100個の案のうち、一般的に行われていない案をインターネット参照機能を用いて厳選し、10案挙げよ。
[P4]#手順[P3]で挙げた回答それぞれに対して、もっと具体的に詳細をそれぞれ200文字程度で説明せよ。
```

図1-13 日清食品グループでのプロモーションアイデア検討における生成AI活用
（出典：日清食品ホールディングス）

- 広告アイデア・プロモーションプラン壁打ち
- 経営者による企業の未来の姿、企業変革案の壁打ち
- 外国人向けプレゼンの想定問答のブレーンストーミング
- 品質トラブルの再発防止策アイデア出し
- 新規事業アイデア案ブレーンストーミング、仮想の上司・投資家・顧客とのディスカッションを通じた壁打ち

(4) 調査・リサーチ・分析

　調査やリサーチにおいても生成AIが活用される。生成AIが登場したタイミングでは「新規情報のリサーチに生成AIは向かない」といわれていた。生成AIの有している知識は学習時点での情報になるため、必ずしも最新の情報を学習しているわけではなかったからだ。

　しかし、現在では生成AIの進化の中で、その常識も変わってきている。Webの情報を参照しソースも提示しながら情報を整理・提示することも進んできている。

　Google社のGeminiや、Microsoft社のBing、ChatGPTの検索支援機能、Perplexityなど多くの生成AIサービスがWeb情報を参照し、ソースを提示しながら検索を支援する機能を強化している。Google検索することとして「ググる」といったワードが普及したが、Perplexityを活用した情報検索生成の造語として「パプる」というネットスラングも生まれている。

　こうした機能の強化の中で人々の検索のあり方も大きく変わるだろう。生成AI時代の検索のあり方の変化については後述する。

　加えて、生成AIについてはハルシネーション[※5]のリスクは常に念頭に置く必要がある。正確性が求められるリサーチや、調査においてはユーザー側で常にファクトチェックを行うことが重要だ。

　先述のプロンプトエンジニアリングが重要であることや、ハルシネーションのリスク等の認識が浸透していなかった点、検索支援機能の実装がまだだった点などから、生成AI登場当時は人々の多くは検索の代わりに活用し

※5：ハルシネーション：人工知能（AI）が事実に基づかない情報を生成する現象。まるでAIが幻覚（＝ハルシネーション）を見ているかのように、もっともらしい嘘（事実とは異なる内容）をついてしまうことからこう呼ばれる

ようとして、思うような結果が得られず非アクティブユーザーが離脱していった経緯がある。

検索用途としての活用は未だ進化途上にあり、例えば企業で自社の生成AI基盤の利用者を増やしていく上では、本書でも紹介する検索以外の用途の活用を増やしていく、価値を感じてもらうことが重要となる。

また、調査・リサーチの中でも、欧州の環境規制をはじめとしてドキュメント化されている報告書や規制等の既存情報や、学術論文等をまとめさせるなども有効な手段だ。例えばChatGPTにおいては独自の生成AIチャットの**GPTs**を作ることができるが、その際にPDFを読み込んで（もしくは後述するRAG形式で読み込ませて）要約させる、報告書・規制等をもとに必要なアクションを生成する、内容をもとにFAQ（よくある質問リスト）作り回答させることで内容理解に繋げるなどだ。

❖ 活用一例
- 先端技術動向についての調査
- アライアンス候補先企業の概要調査
- 消費者トレンド、流行物の調査
- 新規市場の概要調査、新商品の情報収集
- 他社サステナビリティ活動内容調査
- 関連する法律・規制の洗い出し

(5) 言語翻訳・校閲

生成AIは多言語間での翻訳も可能である。日本語のメールや文章を英語に翻訳することや、他言語での翻訳ができる。

この価値はビジネスのあり方を大きく変える可能性を有している。製品やサービスの現地展開にあたっては、サービスサイト・システムや、商品の取扱書の英語対応やその現地の特有言語対応が必要であり、特に日本企業においては制約となっていた。

しかし、翻訳の自動化等が容易になることにより、日本語で優れたサービ

スや製品を開発し、現地展開にあたっては生成AI技術を活用して翻訳を効率的に行うといったことも可能となり、グローバル展開がしやすくなる。

　一方で、逆もしかりであり、日本国内市場は「日本語」という言語がバリアとなり、日本企業が展開にあたり有利な側面もあったが、今後はグローバル企業が翻訳対象の一つとして、日本語への変換を効率的に行ってくる。日本企業や日本人にとって言語の壁がなくなり、グローバルで戦うチャンスが大きくなるとともに、国内も含めたグローバルでの競争が激しくなるのだ。

　また(7)の動画・画像の生成技術との組み合わせの中で、日本語でプレゼンテーションや説明をしている動画を、英語で話している動画に変換することも可能だ。その際に言語の変化に合わせて、話者の口の動きを自然な形で自動調整することもできるようになってきている。加えて、誤字脱字や英文法の誤りなど文章の校正にも活用が進んでいる。

❖ **活用一例**
- 英語でのメール・レター・文書のたたき台の添削
- 既存文章の多言語変換、英語等の文法・スペルの誤りチェック
- 法令違反チェック
- 作成文書の添削・誤字脱字チェック
- ITサービスやWebページ等の多言語展開

(6) プログラミング・制御コード生成

　生成AIでは、システムやアプリケーションなどのソースコードを生成することもできる。多くの企業でソースコードの自動生成や、テスト効率化、運用自動化などを行うことで、システム・アプリ開発を大幅に効率化することができている。

　ある企業では開発にあたって必要なコードのうち40%は自動生成できると見ている。これにより、システム開発においてもコードを書いたり、バグを修正したりする時間などの「作業」から、構想への時間投入や、機能を追加して顧客満足度を向上させるなど付加価値領域にシフトできる。

ただし、AIによるコード自動生成については自身がそれを、確認・最終化できるノウハウがなければ使いこなせない。そのため、エンジニアの動き方としては、自身が習得した領域についてはAIを活用してコード生成等を効率化し、そこで捻出された時間で新たな領域の知識・ノウハウの習得・勉強を行い、自身の領域を拡大する。そこで拡大された領域にAIを適用して効率的に実施するといった形で、常に自分の守備範囲をアップデートし続けていく形に変化してきている。領域習得⇒AI活用⇒領域習得⇒AI活用といった流れだ。

本書で紹介しているある企業のエンジニアは「生成AI時代の効率化の中でシステム開発に関して勉強・習得する範囲や領域、それを通じた自身の対応可能範囲は各段に広がった」と語っている。システム開発のソースコード同様に、Excelの関数操作の支援や、ロボットの制御コードの生成も可能となっている。

❖ **活用一例**
- システム・アプリの開発コード自動生成・エラー修正提示
- Phython等の特定言語から、別のプログラム言語への変換
- ロボット・機器の制御コードの生成
- Excel関数・マクロの作成

システムエンジニアやデータサイエンティストが民主化する

先述の通り、自身で確認・最終化する必要があるため、全く経験のないエンジニアがシステムを作れるようになるわけではないが、コードの自動生成やコードの誤りを指摘する機能により、経験の浅いエンジニアが早期にノウハウを習熟し様々なシステムを構築できるようになっている。

こうした中で、ITエンジニアやデータサイエンティストの位置づけが変わっていくことになる。今までは、コードを書く技術や、知識の引き出しを増やすための時間・工数が多く必要であり、ビジネス構想を考える人材と、コードを書くエンジニアやデータサイエンティストは別の専門性として捉えられることが多かった。今後システムエンジニアや、データサイエンティス

トの裾野が広がり民主化することが想定される。

例えばデータベースを扱うSQLエンジニア等は、生成AIがある程度の範囲で業務をカバーできるようになる中で、生成AIが出力した結果と顧客洞察を組み合わせた形での業務や、生成AIのエンジニアに転換していくなどよりビジネス観点の掛け合わせでスキルシフトをしていく重要性が増すだろう。

Case　プログラムコードの生成AI提案（GitHub Copilot）

GitHubとは、世界中のプログラマーによって使われているプログラムのソースコードをオンラインで共有・管理するサービスだ。マイクロソフトが2018年に買収しており、生成AIによるコーディング支援機能を行う「GitHub Copilot」を提供している（図1-14）。コードを書き始めるか、コードで何をしたいかの自然言語での入力を行うことで、コードが提案されるというものだ。

これによりシステム・アプリケーション開発や、データサイエンスにおいてコードを生成したり、コードの誤りや脆弱性を自動検出し、バグ・エラー修正したりすることができ、エンジニアのスピードや業務品質を高めることができる。エンジニアの開発業務工数・負荷を削減し、品質を向上することができるとともに、

図1-14　生成AIによるコードの自動生成　　　（出典：GitHub Copilot）

経験の浅いエンジニアであっても指摘事項のないコードを早期に生成できるなど人材育成の観点でも効果が生まれている。

Case 現場一人ひとりによるデジタル改善・アプリ開発（住友ゴム）

住友ゴムはダンロップ等のタイヤブランドやスポーツ用品、産業品等の事業を展開している。同社は製品のシミュレーションや、車載ソフトウェア開発等での社内でのプログラミングにおいて、生成AIによるコード自動生成を活用し効率化をしている。

また、自動車走行時の摩耗や、空気抵抗、雨天走行時の走行性能等をシミュレーションする。シミュレーションのモデル作成や結果の処理等においてはソフトごとに用いるプログラム言語が異なり、運用に課題が存在していた。

同社はそうした課題に対してプログラミング言語変換においても生成AIを活用する。特定のプログラミング言語が得意なエンジニアがまず得意な言語でプログラミングを書き、別の言語に変換するといったことや、特定のプログラミング言語にしか対応していないシミュレーションツールソフトを行う際も言語変換を行い効率化しているのだ。

現場単位において人手不足が進む中で、今後同社は、生成AIを活用することによりIT部門のみならず現場部門それぞれでAIの活用による現場改善や、AI・システム開発が行える「民主化」を進めることが重要と捉え、トレーニング・人材育成にも力を入れる。それにより各現場単位で課題解決や改善をAI活用でスピード感をもって実施していく体制を作り上げる。

Case AIアルゴリズム生成 AutoML（富士通）

AIアルゴリズムも生成できる時代へ

AIアルゴリズム自体も生成できる時代へ変化してきている。富士通自社AIサービスFujitsu Kozuchiを通じて、AIのアルゴリズム自体も自動生成・調整するAutoML（自動機械学習）を提供している（図1-15）。データサイエンティストでなくても高精度な機械学習モデルを短時間で自動生成・調整可であり、現場誰もがAIを使いこなす民主化に繋がる。

個々の現場担当者が業務課題を自然言語で入力するだけで、AIが課題の意図を

汲み取り適切な数式表現に自動変換し、顧客業務に特化したAIモデルを自動生成する。AIの専門エンジニアでなくても、現場のユーザー自身が要件を自然言語で入力することで、AIモデルの試作や修正、調整を素早く繰り返すことが可能なのだ。

　本技術を製造業の生産スケジューリングの最適化問題に適用したところ、従来約1ヶ月要していたAIモデル作成における工数を1日に短縮できた（図1-16）。今後富士通は、本技術をもとに最適化や予測、異常検知などを行うAIモデルの迅速な自動生成を目指す。
　例えば、需要予測と生産スケジューリングのAIモデル同士を組み合わせ、需要に応じて生産スケジューリングを最適化するなど、より複雑な課題解決を実現するAIアルゴリズムの自動生成を通じたAI民主化を顧客にもたらす方針だ。

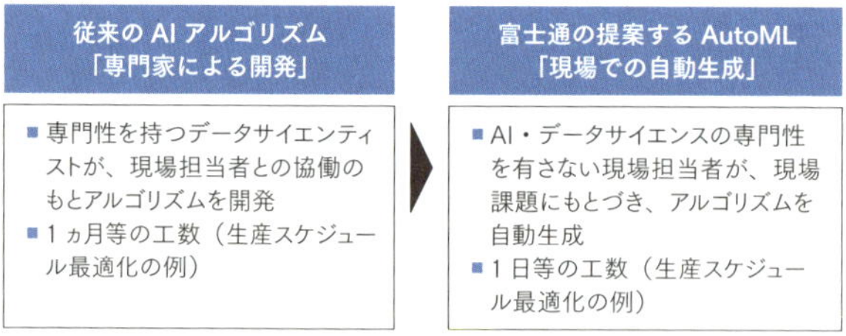

図1-15　アルゴリズム自動生成のインパクト

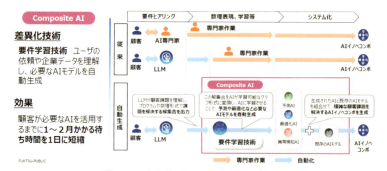

図1-16　富士通が開発したAI自動生成技術　　　　　（出所：富士通）

(7) 画像・動画生成

画像や動画も生成AIで生成することができる。画像についてはDiffusionモデルと呼ばれるアプローチで生成されることが多い。主なプレイヤーとしてはStable Diffusion（Stability AI社）や、Midjourney、Firefly（Adobe社）、DALL・E（Open AI社）等であるが、マルチモーダル化に伴ってテキスト系の生成AI等でも画像生成が可能になってきており、広告のポスターや、Web広告のバナー、POP画像、イメージ画像などに多く活用されている。

留意点としては画像や動画等の活用においては、元の権利者の著作権等を侵害していないかを確認しなければならない点だ。意図せず他の作品と似てしまい権利を侵害してしまう、もしくは、炎上等のビジネス上のリスクが発生してしまう可能性が存在する。その点でも、学習画像の安全性を担保することも重要となる。

また、後述する合成データとして製品・インフラ検査のNGデータや、医療における症例の少ない病状の画像データを生成し、AIの学習に活用するといった用途が広がっている。

❖ 活用一例
- 広告ポスター、Web広告バナー、POP画像等の生成
- Webデザイン、パッケージデザインでの活用
- 合成データによる検査における製品NGデータや、医療における症例の少ない病状の画像データを生成・学習し、AIの精度向上に活用

Case　バーチャルAIモデル（AI modol）

AI model株式会社は独自開発している生成AIでファッションモデルやタレントを生成して、テレビCMや広告・カタログやECサイトなどで展開するサービスを提供している。アパレルや美容・化粧品、ディベロッパー、百貨店、飲料・食品企業など、様々な業界への導入を進めている。

アパレル企業等では撮影モデルの人材不足やタイトなスケジュールなどから、

人間のモデルを活用したくてもできずに、商品写真のみで掲載するというケースも多い。またモデルを確保できたとしても人員不足とスケジュールやスタジオの制約から、1日に何十着も試着して撮影するなど負荷が高い状況になっていた。

こうした業界の課題に対応する上でもAIモデルが重宝されている。伊藤園のお〜いお茶のテレビCMにおいてはタレントを生成するなど、動画向けのバーチャルAIモデルも提供している（図1-17）。

またアパレル企業のしまむらとは、独自のモデル瑠菜（20歳の服飾専門学生の設定）を生成し、専属のモデルとしてSNSや広告などで発信を行っている（図1-18）。「人間のモデルとは異なりスケジュール調整や撮影に時間がかからない」「移り変わりの早いファッショントレンドへの対応」などのメリットがあるという。

今後、AIモデルがバーチャルタレントとして様々な活動を行うことや、映画撮影等で俳優の実際の年齢よりも若い頃や、未来の姿等を撮影する際に現在の姿をもとにAIモデル化して年齢を調整するなど、クリエイティブ領域などAIモデルの適用領域を拡げていく。

図1-17　伊藤園CMにおけるAI モデル活用　　　（出所：AI model社）

図1-18　しまむらの専属AIモデル瑠菜（出所：AI model社）

Case　AIモデル撮影スタジオ事業（ISETAN STUDIO：三越伊勢丹）

　大手百貨店の三越伊勢丹はB2B向け撮影サービスを提供するISETAN STUDIOを運営している。撮影スタジオではファッションやライフスタイル、食品をはじめとした様々な商品撮影や、イメージ撮影に長けている撮影ノウハウや品質をいかしてBtoB顧客の受注拡大を図る。

　加えてAI model社が開発しているAIモデルを活用した取組みも開始することで自社のオペレーションノウハウと、生成AIをはじめとした他社AIソリューションを組み合わせて新たな事業を作り上げるケースも生まれてきている。

section 3 汎用生成AIをより自社・産業業務にカスタマイズする

　生成AIの活用は、段階が進んできており様子見や勉強モードから、第2章で詳細に解説する生成AI活用2.0をはじめとして、自社課題・データに即した踏み込んだ形での活用検討が始まっている。

　そのためには、汎用的なモデルを活用するだけでなく、自社データや産業データを参照させることや、データを学習させてカスタマイズし、活用していくことが重要となる。その方向性としては代表的なものとしては(1) RAGと、(2)ファインチューニングが存在する。

(1) RAG（Retrieval Augmented Generation）

　RAG（Retrieval Augmented Generation）とは、生成AIやLLMの自然言語処理の出力に、企業保有のデータやドキュメントなど確実性の高い関連情報を組み合わせて、出力の適切性や信頼を高めるものだ（図1-19）。

　これにより一般論で回答するのではなく、参照させた**文書・データ**にもとづいて踏み込んだ回答をさせることができる。人間で例えると、業務に必要

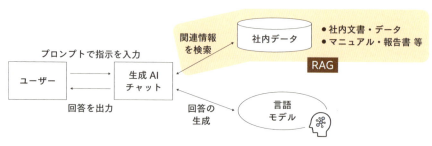

図1-19　RAG（Retrieval Augmented Generation）

な参考資料やドキュメント、資料室を用意して、それを参考に取り組んでもらうよう依頼することをイメージしてもらえればよいだろう。

例えば、社内ルール・規則やマニュアルなどを参照した回答であれば、「育休を取得した際の賞与の扱いなどを確認する」といった就業規則に関する質問に対して、就業規則をRAGとして参照させて回答させたり、社内のPCの設定を確認したい際には、PC設定マニュアル等をRAGとして参照させて回答させたりするケースなどがあげられるだろう。

従来より、こうした社内規則やマニュアル等については作る側と、使う側ですれ違いが存在する。

- マニュアルを作る側：細かい操作や対応はマニュアルを詳細に作っているので、問い合わせをするのではなくそれを見てほしい。
- マニュアルを使う側：マニュアルの存在や、どこに当該情報が載っているかがわからない。膨大すぎてそれを確認する時間がない。

こうした問題に対して、生成AIにマニュアルや規則を参照させて回答することで解決することができる。本書で触れる通り、こうした社内コールセンターや対応社の負荷を大幅に下げている社内ルールやマニュアルに限らず、様々な領域にRAGは応用できる。下記の活用が一例だ。

- 顧客向けのコールセンターへの対応において、製品マニュアルや過去対応結果のRAGを活用した回答を生成する（回答のたたき台をもとにオペレーターが回答／生成AIで直接回答させる等のパターンが存在）
- プロジェクト報告書等から過去のプロジェクトのポイントを抽出
- 設備メンテナンス説明書から設備トラブル時の対応を抽出
- 自社の強みのノウハウを体系化させたデータを、参照させて回答させる生成AIサービスを他社に外販する、ソリューションビジネスを構築する
- 商品や企業リスト等から、ユーザーの要件にあるマッチング対象を抽出するレコメンデーション（推奨）機能を簡易的に構築する

━ (2) ファインチューニング

ファインチューニングは特定のドメインやタスク(領域)に適用させるために、事前学習されたモデルに対して、必要データ・知識を追加学習させて、用途に適した回答を得られるように調整することだ(図1-20)。人間で例えると、業務に必要な知識について研修等を提供してトレーニングしていることをイメージしてもらえればよいだろう。

例としては、楽天は仏のオープン言語モデルMistralをもとに、ELYZAはMeta社が提供するオープン言語モデルLlamaをもとに、日本語等を追加学習させる形で開発している。

言語モデルを展開する上では自社で全て1から開発すると膨大な時間とリソースがかかってしまう。そうした際にはオープンモデルを土台として活用し、ファインチューニングしていくことも有効となる。

━ 産業・自社データを活用して精度を高めるために

ここまで、先述のプロンプトエンジニアリングと合わせて、既存の言語モデルから用途に合わせた精度の高い回答を得るためのアプローチについて触

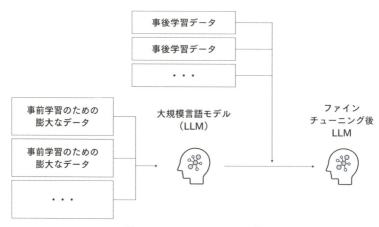

図1-20　ファインチューニング

れてきた。これらについて、生成AIを人間の新入社員と見立てた際に実施するアプローチに置き換えて表現すると下記の通りだ。

- プロンプトエンジニアリング：タスクの前提や、プロセスなど丁寧に具体的に伝えて、ざっくり指示しない、無茶ぶりしない
- RAG：業務に必要な社内データや、知識を参考資料として使えるように準備する
- ファインチューニング：業務に必要な知識やノウハウをトレーニング・研修等で学習してもらう

こうしてみてみると、精度の高い業務アウトプットを出してもらう上で、人間に対して当たり前に実施している内容であることがわかる。AIとなると、そのままで何でもできると忘れられがちであるが、人間と同様に精度の高いアウトプットを出すために、具体的に指示をすることや、参考資料・情報を用意すること、さらには必要となる知識をトレーニング・学習させてあげる必要があるのだ（図1-21）。

RAGについては各社が提供している法人向け生成AI基盤や、自分で生成AIチャットを作れるGPTs等で容易に実施できるようになってきている。社内マニュアルや報告書・レポートや、機器取り扱い説明書、システムのデータ、顧客の声など参照するデータや情報を置き換えることで、様々な社内サービスや、対外的なソリューションをAIの専門知識がなくとも構築することができる。

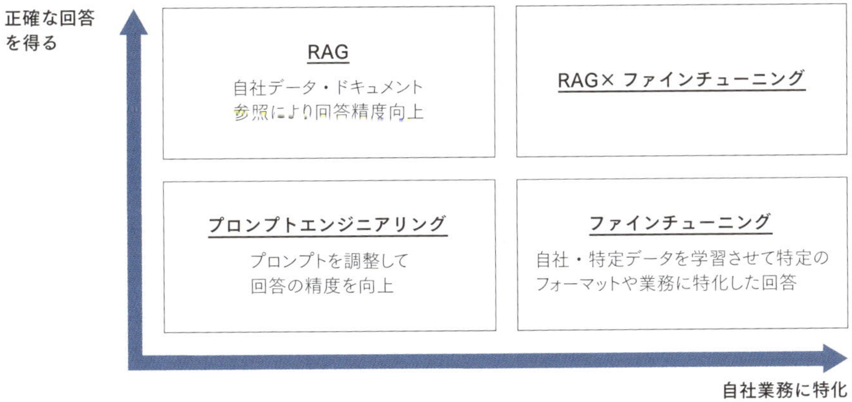

	正確な回答を得る	
	RAG 自社データ・ドキュメント参照により回答精度向上	**RAG×ファインチューニング**
	プロンプトエンジニアリング プロンプトを調整して回答の精度を向上	**ファインチューニング** 自社・特定データを学習させて特定のフォーマットや業務に特化した回答

自社業務に特化

図1-21　RAGとファインチューニングの組み合わせ　　（出所：NEC）

section 4

生成AIビジネス活用の3つの段階モデルと生成DX戦略

先ほど取り上げたように生成AI自体を単独で活用するだけでも、多くの業務効率化効果が生まれているが、そのポテンシャルはそれに留まらない。今後の産業における生成AI活用を通じた変化においては、自社や産業データの学習・参照を通じてより踏み込んだ活用をしていけるかがポイントになる。

生成AI活用にはいくつかのステージが存在している。多くの企業が既存モデル活用に留まるのに対して、RAGやファインチューニングを実施し、いかに踏み込んだ活用を行えるかが鍵だ。企業における生成AIの活用段階を生成AI活用1.0～3.0に分類しているのが図1-22だ。

【生成AI活用1.0】生成AI単独活用での効率化

生成AI自体を単独で活用して、アイデア出し、議事録作成、文章サマラ

既存のモデル活用←	→RAG／ファインチューニング（自社／産業データ投入）	
生成AI単独活用	生成DX戦略（生成AIを組み込んだDX戦略）	
生成AI活用1.0	生成AI活用2.0	生成AI活用3.0
生成AI単独活用での効率化	自社・産業データと生成AIを組み合わせたオペレーション変革	生成AI活用によるビジネスモデル強化、顧客・社会価値創出
・文章の構成・たたき台作成 ・要約・まとめ・分類 ・アイデアブレスト・壁打ち ・調査・リサーチ ・言語翻訳・校閲 ・プログラミング・制御コード生成 ・画像、動画生成	・現場ノウハウ体系化・引き出し ・顧客・従業員のパーソナライズ対応・体験 ・複数組織・拠点管理の半自動化 ・Generative Designによる設計自動化 ・素材探索・創薬の自動化・用途探索 ・フレキシブル機器・ロボット制御 ・業務プロセスのAIエージェント化 ・交渉・企業間コミュニケーション自動化	・自社ノウハウの外販（生成AI活用サービス）による新規ビジネスモデル ・既存ITサービスの生成AI組み込みでの顧客価値強化 ・環境・社会価値創出の効率的対応

図1-22　産業における生成AI活用の3ステップと生成DX戦略

イズ、校閲等で活用する段階であり、切り口は先述した下記の7つだ。

> ① 文章の構成・たたき台作成、② 要約・まとめ・分類、
> ③ アイデアブレスト・壁打ち、④ 調査・リサーチ・分析、
> ⑤ 言語翻訳・校閲、⑥ プログラミング・制御コード生成、
> ⑦ 画像・動画生成

　現在多くの企業がこの段階にあり、この時点でもかなりの時間効率化や生産性向上に繋がるものの、この段階で留まってしまうと生成AIによるインパクトや効果を活かしきれない。この段階から、後述する生成AI活用2.0や、3.0の生成AIを組み込んだDXのアプローチである「生成DX（ジェネレーティブ）」戦略へ踏み込むことが重要だ。

【生成AI活用2.0】自社・産業データと生成AIを組み合わせたオペレーション変革

　自社データ・産業データをRAGでの参照やファインチューニング等を実施して、より踏み込んだ業務における生成AI活用を行い、ノウハウの体系化や業務効率化を図る段階である。例えばマニュアル・日報等の蓄積データをもとにしたノウハウへの早期アクセス、熟練技能者（メンテナンス、設計など）、ハイパフォーマー（営業、オペレータ）のノウハウの体系化、ノウハウ・データにもとづく各業務の効率化などがあげられる。下記の切り口に沿って第2章で詳述する。

> ① 現場ノウハウ体系化・引き出し、
> ② 顧客・従業員へのパーソナライズ対応・体験、
> ③ 複数組織・拠点管理の半自動化、④ Generative Designによる設計自動化、
> ⑤ 素材探索・創薬の自動化・用途探索、⑥ フレキシブル機器・ロボット制御、
> ⑦ 業務プロセスのAIエージェント化、⑧ 交渉・企業間コミュニケーション自動化

■【生成AI活用3.0】生成AI活用によるビジネスモデル強化、顧客・社会価値創出

最後に、生成AI活用をより踏み込んだ形で行い自社活用に留まらず、ビジネスモデル変革や、顧客・社会価値を創出する段階だ。下記の切り口に沿って第3章で詳述する。

> ① 自社ノウハウの外販（生成AI活用サービス）による新規ビジネスモデル
> ② 既存ITサービスの生成AI組み込みでの顧客価値強化
> ③ 環境・社会価値創出の効率的対応

ノウハウを持っている企業が自社データ・ノウハウをもとに生成AIサービス構築・他社外販しビジネスモデルを変化するケースや、顧客・社会価値を創出していく段階である。

例えば、共通業務に関して広く横展開する生成AIソリューション「コールセンター顧客対応生成AI」等、特定の業務についてノウハウを生かして展開する生成AIソリューション「ロボット制御コード生成AI」、「生産・施工計画生成AI」等を構築する。これらはノウハウを持っている企業が、生成AIを通じて自社データ・ノウハウを外販できるソリューションとして展開し、サービス企業化するモデルである。

先述の通り、今まではこれら自社データ・ノウハウ活用にあたってはデジタル側が読み込みやすいように体系的に整理され形式知化されている必要があったため、日本企業は現場が強みと言われているもののデジタル活用が進みきっていなかった背景があった。

これらが生成AIにより、報告書やマニュアル、センシングデータ等の学習をもとに自社ソリューションとして外販していける可能性を有する。

また、今後ITサービスにおいては顧客課題解決や顧客の行動を支援する上で生成AIの組み込みが必須となる。こうした既存ITサービスでの生成AI組み込みを通じた顧客価値強化の姿や、個別対応が必要で負荷が高まっているサステナビリティやサーキュラーエコノミー対応などの環境・社会価値創出の方向性にも触れていく。

第2章

生成AI活用2.0
（自社・産業データと生成AIを組み合わせたオペレーション変革）における活用事例

本章では、生成AI活用2.0（自社・産業データ×業務効率化）のより踏み込んだ生成AI活用事例をいくつか見ていきたい。生成AI活用2.0においては下記の項目に沿って触れる。

❶ 現場ノウハウ体系化・引き出し
❷ 顧客・従業員へのパーソナライズ対応・体験
❸ 複数組織・拠点管理の半自動化
❹ Generative Designによる設計自動化
❺ 素材探索・創薬の自動化・用途探索
❻ フレキシブル機器・ロボット制御
❼ 業務プロセスのAIエージェント化
❽ 交渉・企業間コミュニケーション自動化

section 1

現場ノウハウ体系化・引き出し

　ここからの章では、図1-22で紹介した範囲のうち、図2-1の範囲を取り扱って紹介する。

既存のモデル活用← →RAG / ファインチューニング（自社 / 産業データ投入）

生成 AI 単独活用	生成 DX 戦略（生成 AI を組み込んだ DX 戦略）	
生成 AI 活用 1.0	生成 AI 活用 2.0	生成 AI 活用 3.0
生成 AI 単独活用での効率化	自社・産業データと生成 AI を組み合わせたオペレーション変革	生成 AI 活用によるビジネスモデル強化、顧客・社会価値創出
・文章の構成・たたき台作成 ・要約・まとめ・分類 ・アイデアブレスト・壁打ち ・調査・リサーチ ・言語翻訳・校閲 ・プログラミング・制御コード生成 ・画像、動画生成	・現場ノウハウ体系化・引き出し ・顧客・従業員のパーソナライズ対応・体験 ・複数組織・拠点管理の半自動化 ・Generative Design による設計自動化 ・素材探索・創薬の自動化・用途探索 ・フレキシブル機器・ロボット制御 ・業務プロセスの AI エージェント化 ・交渉・企業間コミュニケーション自動化	・自社ノウハウの外販（生成 AI 活用サービス）による新規ビジネスモデル ・既存 IT サービスの生成 AI 組み込みでの顧客価値強化 ・環境・社会価値創出の効率的対応

図2-1　産業における生成AI活用の3ステップと生成 DX戦略

　日本においては様々な業界で、現場のノウハウやオペレーションに強みを有している。しかし、これらの現場の知見が体系化されておらず、背中を見て覚える形となっていたり、マニュアルや日報・報告書などは作成されているものの十分に活用されていなかったりすることが多い。熟練技能者の高齢化・退職が進んでいる中で、これら暗黙知をいかに体系化し、組織としての知見・知識として活用できるようにしていくのかは喫緊の課題である。
　生成AIは文書やドキュメントから情報を引き出し、整理・体系化することに長けており、こういった活用されていないノウハウを引き出しやすくすることで、大きく業務を変える可能性を有している。ノウハウを体系化する方向性は大きく3つだ。

方向性① 既に存在するマニュアルや日報を学習させる

方向性② 設計データに紐づけてノウハウを体系化する

方向性③ ドキュメント化されていない暗黙知を活用する

方向性① マニュアルや日報・技術報告書等を「引き出せるノウハウ」に

企業においては多くのマニュアルや日報等が作成されており、そこには膨大な技術やノウハウが記されている。しかしそれらは十分に活用されていないケースも多い。

これらの書類は分散した状態で技術やノウハウが記されているため、一定量を読み込まなければノウハウや技術を習得できないことや、どこにどういったノウハウが記載されているのかがわかりづらく、利用しづらいことなどが背景にある。

こうした文書化されている知見を生成AIに学習させ、そこから引き出せるようにすることはオペレーションの品質を向上させることや、過去の知見をもとに業務を検討するスピードの向上に繋がる。

Case 技術ナレッジ活用AIシステム（竹中工務店）

■ 社内に蓄積している膨大なナレッジを生成AIで引き出す

大手ゼネコンの竹中工務店は、生成AIについて、例えば現場写真から工種ごとの作業進捗レポートの素案を自動作成するなど、ナレッジの検索に留まらない活用を目指しているが、まずは生成AIの高い文章処理能力を活かし、建物の設計や施工にかかるノウハウや知見を生成AIを通じて引き出せる「技術ナレッジ活用システム」を構築している。

同社として建設デジタルプラットフォームの構築を進め、営業・設計・施工管理・事業など全てのデータを一元管理しデジタル化を推進してきている。これまで、技術的なノウハウの検索については、主に社内イントラでWeb公開されているコンテンツ内のテキストを元にキーワード検索を行う等のシステムが整備されていた。

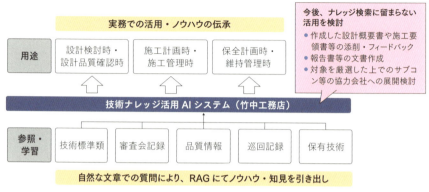

図2-2　竹中工務店の技術ナレッジ活用AIシステム

　しかし、文書数やデータベースが多くなる中で、一元での検索が難しく、既存のキーワードでの検索システムでは、検索ワード自体が一致していなければ情報を抽出できず、検索自体をうまくおこなう必要や、検索したいワードを明確にする必要があった。

　そこで、同社はこれらの文書化されている技術標準類、社内規定・規則、プロジェクト報告書、審査会記録等をRAGとして生成AIに参照させた技術ナレッジ活用システムを構築（図2-2）。

　例えば、「建設における特定工法の技術的留意点」「特定工法の施工管理における安全上の論点」などを問い合わせた際に、曖昧な検索ワードであっても参照文書を参照し、一元的に検索して整理・回答するとともに、参照すべき文書を提示する。これにより明文化されたナレッジとして蓄積されたベテランの知見・経験を、部門・プロジェクトを超えた全社員への継承、若手社員の育成に繋げている。

　今後は、作成した設計概要書や、施工要領書等に対して添削・フィードバックする仕組みや、冒頭に挙げた工事進捗レポート素案などドキュメントを自動生成する仕組みへと発展させる考えだ。

Case　生成AI×設備マニュアル／日報（オムロン）

■ 設備・機器メンテナンスを効率化

　設備・インフラ・工作機械等の保守／メンテナンスにおいても、操作マニュアル・取り扱い説明書・過去対応報告書等があることから、生成AI活用で効率化が行いやすい領域だ。

図2-3 機器メンテナンスの生成AIを活用した効率化　　　（出所：オムロン）

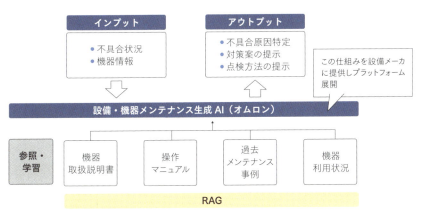

図2-4 オムロンの設備・機器メンテナンス生成AI

　こうした機器においては動作トラブルやメンテナンスが必要となった際には、メーカーや、熟練者への問い合わせや、膨大なマニュアルが必要であった。オムロンは工作機械・設備メーカーと連携し、操作マニュアルや過去トラブル事例などを生成AIに学習させて効率化（図2-3）。

　生成AIとの対話の中で、不具合の原因を特定することや、マニュアルや過去対応事例等から不具合・故障対応策を抽出することができている。工作機械メーカーにとってはユーザーの利便性向上に繋がるとともに、オムロンにとってはこれらの仕組みを工作機械メーカーに提供することにより、工作機械向け生成AIサービスプラットフォーム展開を図る（図2-4）。

方向性② 設計情報にノウハウを蓄積

また、製造業や、建設・都市等のものづくりの領域では「情報の起点」となる設計情報にノウハウを集約させる取り組みも存在する。大手自動車メーカーグループ等を対象にモノづくりノウハウを設計情報に紐づけ・集約し、引き出せる形にすることで技能伝承・活用を図るLIGHTzの取り組みを見てみよう。

Case 設計情報に熟練ノウハウを集約し抽出（Blooplinter：LIGHTz）

LIGHTzは熟練技能などの暗黙知を可視化・利活用する「汎知化」技術や「Brain Model」テクノロジーを展開しているAI企業である。同社は、ものづくりのノウハウを3D設計形状に紐づけて抽出・生成できる仕組みを提供する。このソリューションではアップロードした3D設計データをもとに、設計・生産技術・製造・品質等での熟練者のノウハウの抽出や、類似製品・過去の成功・失敗事例の検索等が可能となる。

プロセスとしては、熟練技能者へのインタビュー（例：2時間×8回）を通じて熟練技術者が持つ、ものづくりの各工程のノウハウや思考フローを「Brain Model（熟練技能・思考フローを抽出できる組織知AIモデル）」として汎知化（利用可能なデータに変換）する。特にものづくりの根幹となる設計情報とノウハウを紐づけしAIモデルを構築。Brain Modelは既存のノウハウを設計情報にもとづいて抽出・生成するとともに、それらを掛け合わせて新しい知見を生成することも目指している。

大手自動車メーカーグループにおいても会社間の技術継承に「Blooplinter」を活用する。自動車会社としてCASE革命の中でものづくりのあり方が大きく変化し、ガソリンエンジン車など従来のものづくりを子会社やTier1／Tier2[※1]等に移管をするなどの変化が起こっている（図2-5）。

従来はゲストエンジニアを派遣して人を土台に移管をしていたが、人手不足や変化の激しい事業環境の中で、クルマづくりの本質と考え方にもとづく移管ができる、当該の取り組みが活用されているのだ。

また、大手自動車メーカーとしてCASE化の中で今までのものづくりの標準とは変化したプロセスとなってきており、新時代に即したものづくりの標準を作り上げる上でもBrain Modelを頼る。工作機械メーカーとの連携においても、加工対象

※1：Tier1/Tier2：サプライチェーンにおける階層を示し、Tier1は自動車車両メーカー（例：トヨタ）に対して直接部品やシステムを提供するサプライヤー（例：デンソー）で、Tier2はTier1サプライヤーに対して部品や材料を提供するサプライヤー

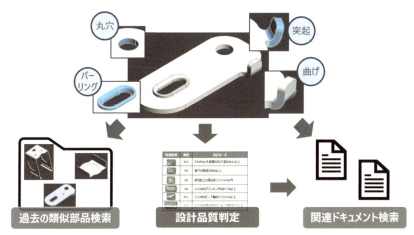

図2-5　Blooplinterによる設計データからのノウハウ抽出　　（出所：LIGHTz）

物の3D設計情報をもとに工作機械の動作プログラムを生成する取り組みを行う。

　サステナビリティ対応への変化など設計のあり方も変化する中で、同社は3D設計データを土台にした熟練ノウハウ体系化・抽出の取り組みを幅広い製造業向けに進める考えだ。

方向性③　ドキュメント化されていない暗黙知の活用

　また、現場のオペレーションはマニュアルなどの文書の形で体系化されていないものも多い。こうしたノウハウ・技術は「**暗黙知**」と呼ばれ、個人の経験則や勘に基づくノウハウ、仕事を重ねる中で身につけたスキルといった、体系化・言語化されていないものが多く含まれる。

　熟練者ほど「自分がなぜその作業が品質高くできるのか」を言語化することが苦手であることや、データに基づいて作業を行うことに慣れていないことも背景にある。こうしたノウハウ・技術は、「業務をする中で背中を見て覚える」ことになりがちであり、ベテランから新人に対して移管をすることに時間がかかってしまう。

　しかし、日本企業において暗黙知に現場の強さや競争力の源泉が含まれていることが多く、ベテランの退職とともに現場のオペレーションや作業品質

が失われかねない。これらの暗黙知ノウハウをいかに形式知・体系化しベテランから若手へ継承することや、組織として活用できる形に引き出せるかが鍵となる。

　現場のナレッジやノウハウが報告書やマニュアル等でドキュメント化されている場合は生成AIへの学習やRAGを通じて効率的に活用していくことに繋がる。しかし、繰り返しになるが、現場のノウハウは体系的に整理されていない暗黙知となっているケースも多い。

　そうした際に、暗黙知となっているノウハウ・ナレッジをデータ化し、それを生成AIに学習・RAGの形で活用していくことが重要となる。解決法として、(1)ワークショップ・インタビューを通じて暗黙知を体系化していく、(2)生成AIとのコミュニケーションを通じてナレッジデータベースを蓄積するといったアプローチが生まれている。それぞれ(1)ライオンと、(2)オムロンの事例を紹介する。

Case　インタビュー・ワークショップを通じた知識伝承AIシステム構築（ライオン）

暗黙知活用（1）ワークショップ・インタビューを通じた暗黙知体系化

　ライオンはドキュメント化されていない暗黙知を、インタビューを通じて抽出・可視化して生成AIで引き出せる形式としている。暗黙知への依存が大きい領域として、①研究開発、②生産技術領域を特定。その中で特に熟練技術者の技術継承や人材確保等で喫緊の課題となっている業務を特定した。

　その結果、例えば生産技術領域では衣料用粉末洗剤の生産技術領域をターゲットとしている。当該領域では、大きな観点では生産技術報告書等ドキュメント化されているものの、製造プロセスを開発する際に効率的な検討を進めるアプローチや、工場での生産時に原料の性状を考慮した運転条件を設定するなどの細かなノウハウが暗黙知となっていた。

　これらを熟練者へのインタビュー・ワークショップを通じて、業務プロセスと、それぞれにおける留意点を洗い出すことにより、暗黙知を勘所集としてドキュメント化。その勘所集と、既存の技術標準や、プロジェクト報告書などのドキュメントとともにRAGで参照させることにより、業務において暗黙知を引き出すこと

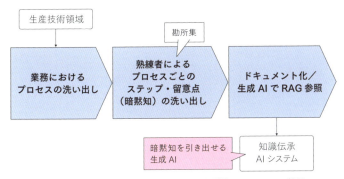

図2-6　ライオンによる暗黙知を用いた知識伝承AIシステム構築

ができる生成AIの仕組み「知識伝承AIシステム」を構築している（図2-6）。

ポイントは、暗黙知が存在している領域の特定と抽出方法だ。事前に既存資料がカバーする技術や業務の範囲を整理し、ドキュメントが充実していない領域を絞りこんだ。その上でインタビュアーが、業務プロセスに沿って具体的な事例における苦労や工夫をひも解くことで、ドキュメントには残りにくい熟練者の勘所の発見に繋がった。

研究開発部門においては過去の研究資料や実験結果、暗黙知等を引き出せるようにして情報検索時間を1/5にまで削減できているという。同社は今後、このプロセスの効率化検討を行い、様々な部署での暗黙知体系化・勘所集化の推進可否を判断する。

Case　生成AIナレッジデータベース（オムロン）

暗黙知活用（2）生成AIとの会話を通じた暗黙知体系化

オムロンは人手作業が必要となる工程において生成AIを活用したノウハウ・技術の体系化を行うソリューションを展開している。現在製造業では多品種少量生産のように製造プロセスが複雑化している中で、製品によって変化する部分の人手による作業などが存在している。

こうした工程はノウハウの塊であり、体系化が難しい領域であった。同社の取り組みとしてはノウハウ体系化段階と、フィードバック段階の2段階に分かれる。

まずノウハウの体系化においては、熟練者・非熟練者の骨格動作や、機器操作などをセンシングして比較し、非熟練者が実施に時間がかかっていた工程や、ミ

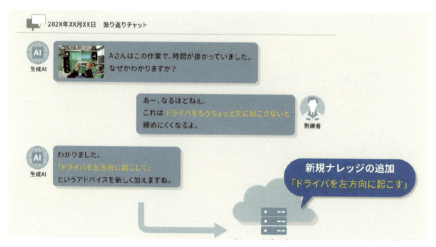

図2-7　手作業工程のナレッジデータベース構築　　　（出所：オムロン）

スが起こっていた工程などを抽出する。

　ここまでは従来のセンシングやIoTの取り組みでもあったが、重要なのは次だ。この差異が生まれた点について熟練者側に、なぜこの工程で非熟練者に時間がかかっているかを生成AIが問いかける。こうした形で具体的なシーンごとに分解をして問いかけることで、熟練者側としては「この工程ではドライバーをもう少し左に起こさなければ締めにくくなる」といった自らの経験にもとづくアドバイスを回答しやすくなる。こうしたやりとりを何度か行うことにより、熟練者側から言語化が難しかった暗黙知を体系化していくのだ（図2-7）。

　その上で、それらの体系化したノウハウをもとに非熟練者に対するフィードバックやトレーニングに活かすのだ（図2-8）。それとともに、ノウハウを持っている企業はこうした暗黙知の技術・ノウハウを体系化しこれらを外販しビジネスモデルを変えていくことにも繋がりうるのだ（図2-9）。オムロンとしては人手作業工程のノウハウ展開プラットフォームとしての展開も視野に入れる。

ドライバを
左方向に起こして
AIが生成したアドバイスに切り替わる

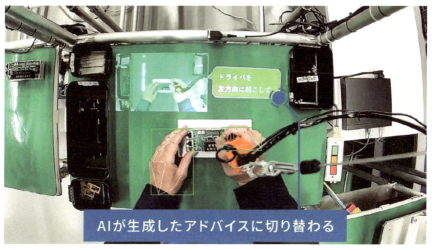

図2-8　ナレッジデータベースを活用した作業フィードバック　（出所：オムロン）

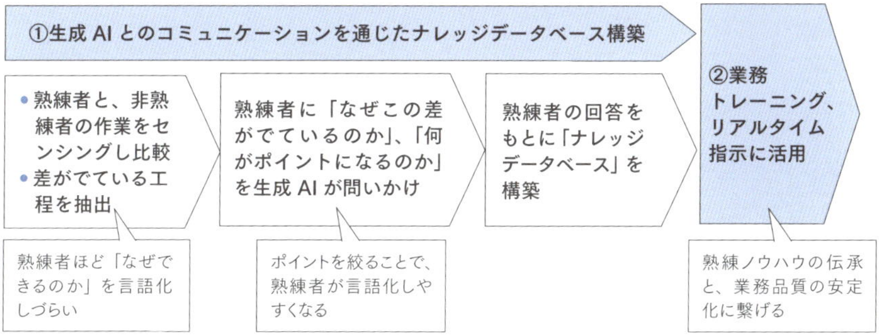

①生成 AI とのコミュニケーションを通じたナレッジデータベース構築
• 熟練者と、非熟練者の作業をセンシングし比較
• 差がでている工程を抽出
熟練者ほど「なぜできるのか」を言語化しづらい
熟練者に「なぜこの差がでているのか」、「何がポイントになるのか」を生成 AI が問いかけ
ポイントを絞ることで、熟練者が言語化しやすくなる
熟練者の回答をもとに「ナレッジデータベース」を構築
②業務トレーニング、リアルタイム指示に活用
熟練ノウハウの伝承と、業務品質の安定化に繋げる

図2-9　オムロンにおける生成AIとのコミュニケーションを通じたナレッジデータベース

section 2

顧客・従業員への
パーソナライズ対応・体験

顧客やターゲットセグメントへのカスタマイズマーケティング

　生成AIの価値の一つとしては、顧客やターゲットごとに異なるカスタマイズされた文章やコンテンツを生成できることだ。今までは、その作成ごとに人の工数や負荷がかかっていったが、生成AI活用によりそれを自動で制限なく生成が可能となる。

　今までマーケティングにおいてはリソースの制約から、ターゲットとする対象を優先順位付けして検討する必要があった。だが生成AIにより、想定されるターゲットに対するカスタマイズが制限なく可能となり、個別のコミュニケーションが可能となる。

Case　生成AIによる広告・顧客体験の変化（∞AI：電通デジタル）

広告制作を生成AIで効率化

　電通デジタルは∞AI（ムゲンエーアイ）のブランドのもと、広告制作のあり方を生成AIで大きく効

図2-10　Web広告の自動生成（∞AI Ads）

（出所：電通デジタル）

率化するとともに、AIエージェント等の活用により顧客体験のあり方を変化させている。

広告制作においては、制作プロセスの4つの工程「訴求軸発見」「クリエイティブ生成」「効果予測」「改善提案」において生成AIで大幅に効率化を行う。

まずWebサイト・SNSなどの膨大なデータソースを読み込み、訴求するワードを抽出。クリエイティブ生成ではAIが広告コピーを自動生成し、最終仕上げはクリエイターが実施する。効果予測では出稿データをもとに、クリエイティブを構成する要素・インプレッション数・クリック率・コストなどの様々な指標との関係性を学習させた予測AIで改善効果を予測する。改善対象となる広告クリエイティブを自動で特定し、複数の改善案を提案することも行う（図2-10）。

現在100社の顧客向けに導入されており、工数がかかっていた部分をAI活用することでより発想を拡げることや、顧客体験を設計することに注力ができることが価値だ。熟練のコピーライターのノウハウを生成AIに学習させることにより、若手コピーライターの人材育成にもつながっている。

■ AIエージェントによる顧客コミュニケーションのあり方の変化

同社は広告に留まらず、顧客体験全体を生成AIによってパーソナライズ化を図っている。ゴルフ場予約やゴルフ用品ECを展開するゴルフダイジェストオンラインは、電通デジタルの生成AIの取り組みを活用している。

ユーザーのスイングの動画からAIがスイングのカイゼンのコーチを行う他、ECサイトではゴルフウェア等をユーザーがアップロードした自身の画像をもとにVirtual試着やコーディネート提案を行う。

加えて、600万人のユーザーレビューを生成AIに学習させ、ゴルフ場の予約において、顧客の質問へ回答することや、顧客の要望（練習施設とレストランの充実を

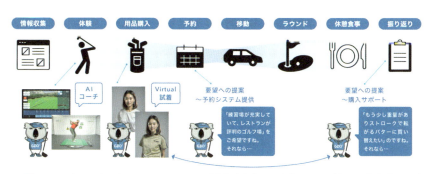

図2-11　ゴルフダイジェストオンラインの顧客体験全体での生成AI活用　（出所：電通デジタル）

重視している等）に応じたゴルフ場の提案を行っている。さらにゴルフ場でのプレイ後の振り返りにおいても、生成AIが会話形式でプレイスタイルの提案や、ECでのグッズの提案等を行う。データにもとづき生成AIが顧客接点全体を支える姿が生まれ始めている（図2-11）。

> **Case** バーチャル生活者の生成（博報堂）

博報堂は独自に保有する調査データをベースに生活者のプロファイルに基づいた、仮想の生活者にインタビューを行うことができる「バーチャル生活者」の取り組みを行っている。

博報堂DYグループが保有する独自の大規模生活者調査データやデスクリサーチをベースにした生活者の基本プロフィール・価値観/意識・生活行動・消費行動・メディア消費・ブランド評価などの数百の項目の情報を生成AIに読み込ませ、多様なバーチャル生活者を生成する（図2-12、図2-13）。

利用者はバーチャル生活者に対してインタビューを実施し、マーケティングや商品開発などに活かすことができる。過去の調査結果をベースにクラスター分析などを行い、市場を代表する複数のバーチャル生活者をつくりだし、生成AIを介して自然な会話を行うことができるようにすることで、直接人間だと答えにくい、あるいは答えたくない質問に対しても忖度のないリアルな意見やニーズなどの「あ

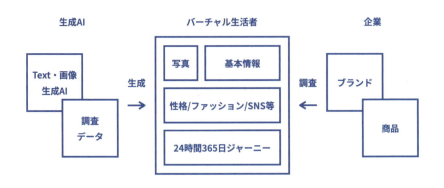

図2-12　バーチャル生活者の仕組み　　　　　　　　　　（出所：博報堂）

図2-13　バーチャル生活者　　　　　　　　　　　　　　（出所：博報堂）

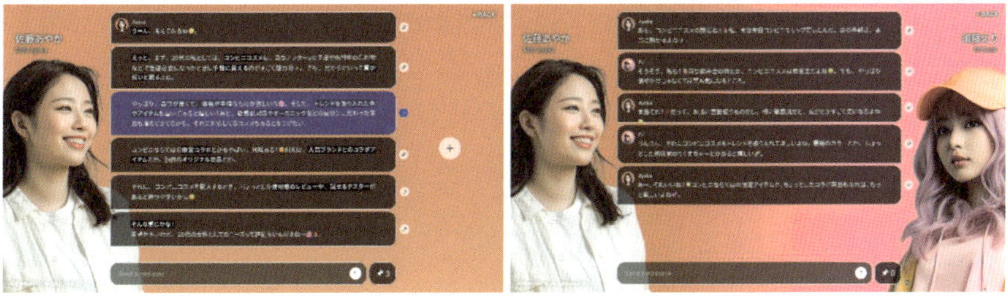

<＜メッセージUIイメージ＞　　　　　＜カンバセーションUIイメージ＞

図2-14　バーチャル生活者との会話・ヒアリング　　　（出所：博報堂）

らゆる人の本音」を聞き出すことに繋がっている（図2-14）。

　バーチャル生活者との対話を繰り返し、商品・ブランドに関する感想や人間関係に関する悩みなどに耳を傾けることで、マーケティング・商品開発をはじめ、組織づくり、アイディエーション、ワークショップといった多岐にわたる領域での活用を想定している。

　さらに、本アプローチでは、「未来のバーチャル生活者」や「世界のバーチャル生活者」など、普段、アクセスしづらい（できない）ターゲットを生成して、対話することが可能になるため、未来洞察や世界のインサイトリサーチなどにも応用できる。

AIエージェントによる顧客への課題解決

　顧客への対応は今後AIが個別の課題に対して寄り添っていく**AIエージェント化**が期待される。自社のホームページやECにおいて顧客の課題を聞き、提案を実施するAIエージェントを置き、販売活動や顧客サービスを実施するのだ。今まではこれらの業務は販売員を設置することや、コールセンターで対応するなど、実リソースの投下が必要であった。

　また、対応人員ごとの製品知識の差や、対応言語の差なども存在した。しかしAIエージェントを設置することで、これらの課題を解消し、効率的に顧客の課題を解決することができる。今までのECは検索とレコメンデーションが鍵であった。そのため、何を欲しいかを言語化していることが重要であり、かつ、自らの購入品にデータ上関連性が紐づくものしか購入の選択肢に入ってこなかった。

　これらが、あいまいなニーズであってもAIエージェントが提案をしてくれるようになり、<u>小売店やECなどの売り方や、潜在的なニーズや顧客の声の収集のアプローチ</u>が大きく変わってくることが想定される。AIエージェント型での顧客対応を行うウォルマートや、ロレアルの事例を見てみよう。

Case　ECの生成AI検索（ウォルマート）

　Walmartは自社ECにおいて生成AIを用いた検索機能を提供。ユーザーはよりスムーズに商品を見つけることができ、従来の検索機能よりも効率的にお買い物ができるようになる。通常ECにおいて商品を検索する場合、特定の商品名やカテゴリを入力し、検索結果の中からニーズに合う物を探して選別する（図2-15）。

　しかし、Walmartアプリの最新機能である生成AIを活用した検索機能は、同様に検索窓を使用するものの、あいまいなものも含めて特定のニーズや質問を入力することで、AIが自動的に商品カテゴリやリストを生成して提案してくれる。

　従来は、まずは小売のアプリではなく、インターネットで「キャンプ　必要な物」のように検索し、大まかな情報を探すところから始まる。そして、どこで買うかを検討し、小売のアプリで買う場合には「テント」「寝袋」などを一つずつ検索して選ぶという作業が必要であった。

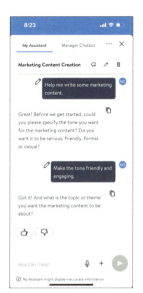

図2-15　Walmartにおける生成AI検索機能　　　（出所：ウォルマート）

　しかし生成AI型のアプリにおいては、検索欄に「キャンプの計画を手伝って」と入力。そうすると、AIによって必要な商品やカテゴリがリスト化され、各カテゴリの人気商品数点とともに大体の買うべきものを把握することができ、そのままカートに追加してすぐに購入することも可能となる。

　これにより店舗は顧客の状況に合わせた提案ができるようになる。例えば、友人や親戚と米プロフットボール王者決定戦「スーパーボウル」中継の観戦パーティーを企画している際に、ポテトチップス、フライドチキン、飲み物、新しい大型テレビなど、顧客の需要を先取りし、必要と考えられるものを表示してくれるのだ。顧客は検索自体をしているのではなく、何かを成し遂げようとして検索をしている。その目的や意図を理解して効果的な提案する上でも、生成AIが重要な役目を果たすこととなる。

Case　生成AIとの悩み相談を通じた商品提案（ロレアル）

　また、化粧品世界大手のロレアルは生成AIを活用した対話サービス「Beauty Genius（ビューティ・ジーニアス）」を発表している。単なるチャットボットではなく、個人の詳細な診断に基づきパーソナライズされたアドバイスを受けることができる。

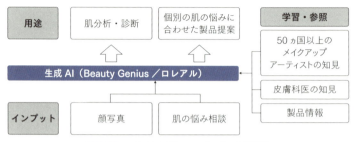

図2-16　ロレアルのBeauty Geniusの仕組み

　顔写真を送ることで肌分析を行い、チャット形式で肌の悩みに合わせたロレアル・パリ製品が紹介される。ロレアルの場合はロレアルが持つ膨大なコンシューマインサイトによって店頭で会話しているかのような自然な会話を実現している。販売員が担ってきた顧客の個別の課題に応じた商品提案が可能となってきている。

　これは様々な商品において応用が期待されるユースケースである。肌のタイプの診断や、長時間フライトなど行動に合わせた肌へのアプローチや製品の提案を受けることができる。肌診断のAIは、50カ国のメーキャップアーティスト1万人以上の知見をもとに、皮膚科医がタグ付けした15万枚以上の画像で学習。10以上の異なるLLM（大規模言語モデル）を統合することでアドバイスを生み出している（図2-16）。

今後の検索のあり方の変化

情報アクセスが変化する

　生成AI時代には人々の情報との接し方が大きく変化する。今までの歴史をたどってみよう。古来は「伝承」など人の語りを通じた情報の伝達が始まりだ。次第に文書に情報を残すようになり、活版印刷技術の誕生により知識・アイデア等が、広く伝えることができるようになった。そこからさらに、インターネットが普及したことにより、国・場所を超えて情報が伝達されることとなった。情報が爆発的に増加する中で、効率的に情報にアクセスするための手段として検索エンジンが生まれた。

　ここで、生成AIはこうした、「情報のアクセスのチャネルとしての検索エンジン」のあり方を変えうる。従来の検索エンジンでは、ユーザーが検索

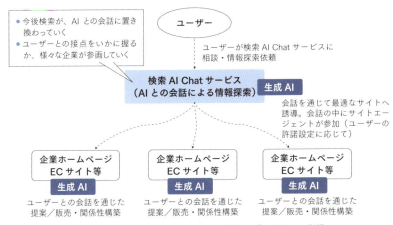

図2-17　今後の検索行動の変化と、新たなプレイヤーの登場

ワードを具体的に定義する必要があり、あいまいな課題感や知りたいことがあった場合には情報にたどり着くことができないケースがあった。検索にも「うまさ」やノウハウが必要であったのだ。

　これが生成AIと検索エンジンとの融合の中で、あいまいな課題やニーズを伝えるだけでも、膨大な情報の中で最適な情報を引き出すことができるようになる。既存の検索エンジンであるGoogleがGeminiを、マイクロソフトがBingで生成AIを通じて提供していたり、ChatGPTが検索支援機能を提供してきていたりするように、生成AIの進化の中で人々の接点が検索エンジンから、「検索AI Chatサービス」へと変化している。

　今後こうした検索AI Chatサービスが、企業のホームページやECサイト等へ誘導していく顧客との接点の形になるだろう。また、リアル店舗のリテールメディアや、街に設置されたデジタルサイネージ等もバーチャルヒューマンを介して人との接点や、人のニーズにもとづく商品や店舗提案を行う情報のハブとなっていくことが想定される。

検索AIサービスは今後細分化する

　こうした人々の情報の接点となる検索AIサービスは細分化していくと考えられる。現在Googleが提供しているGeminiや、ChatGPTの検索支援機能

などのように幅広い目的で使用されるものや、「生活全般・住宅に特化した検索AI Chatサービス」、「生産技術・ものづくりに特化した検索AI Chatサービス」、「レジャー・エンターテイメントに特化した検索AI Chatサービス」、「技術情報・論文に特化した検索AI Chatサービス」など用途や、各プレイヤーの強みごとに展開されることになる。

　その上で、この検索AIサービスがユーザーとの情報との接点となるため、ここをいかに握りにいくのかが企業の戦略としては鍵となってくるのだ。実サービスや製品を展開している企業が、より顧客接点を握るために他社との連携のもとで検索AI Chatサービスを展開することや、あらゆる検索AI Chatサービスとの連携を強化し自社サービスが提案されやすくする戦略をとるなど、検索が生成AIと融合する時代における新たな戦略が求められる。

従業員へのパーソナライズコミュニケーション

　生成AI活用により、従業員の特性や思いに応じたモチベーション管理やパフォーマンス管理なども可能となる。従来、人員評価や配置は属人的になりがちであるとともに、組織としての個別の対応には限界があり負荷となっていた。生成AIを活用することで、土台を効率化し、人が介在すべき部分に集中することができる。

　例えば、とある大手製造業企業はタレントマネジメント（人事評価・人材配置等）において生成AIを活用する。従業員情報データをもとに、人員配置が必要なポジションの要件を入力すると、社内の中から適した候補人材が出力されるというものだ。

　その他タレントマネジメント関係では下記等のユースケースが生まれている。

・社員情報・職務経歴・スキル・勤怠・評価などからの紹介文・分析結果を自動生成
・社員情報をもとに配置や能力開発・トレーニング等の自動提案やカスタマイズ

・採用で必要な要件の抽出、候補者と募集企業・職種のマッチング・レコメンデーション、AIによる候補者の初期スクリーニング・面接等

加えて、人型エージェントAI（バーチャルヒューマン）による従業員やマネージャー層の成長・行動支援の取り組みも進む。その代表例として、ファミリーマートの店長業務支援で7000店舗に導入が進む他、オートバックスでは顧客の商品選びを支援する人型エージェントを展開するクーガーの事例を見てみたい。

Case　人型AIアシスタント（クーガー／ファミリーマート・オートバックス）

クーガーは、人型AIアシスタントを通じてファミリーマートの店長業務支援や、オートバックスの接客プロセスの支援を行っている。人のモチベーションや行動を支えるゲームAIや脳科学のアプローチを取り入れた「行動支援エンジン」を土台に、文字や画像に加えて、音声・表情、動きなどでコミュニケーションするバーチャルヒューマンである人型AIアシスタントのレイチェルを提供。人間らしいコミュニケーションによる行動促進によって、業務の支援や購買のサポートを行っている。

図2-18　ファミリーマートにおける店長業務支援の人型AIアシスタント導入　（出所：クーガー）

ファミリーマートはこの人型AIアシスタントのレイチェルを店長業務支援で2024年10月現在、7000店舗へ導入している（図2-18）。従来、店長のオペレーションは、地域を統括するスーパーバイザーが指導を行うがリソース上全ての業務に寄り添って支援することは難しく、また、指導のあり方も属人的にならざるを得なかった。

　そこでファミリーマートは、店舗の売上・客数・購買傾向・在庫等のデータや、ファミリーマートとしての新商品情報・施策等の情報などと連携させた人型AIアシスタントを通じて、各店舗の状況、店長に合わせた最適なデータを提供し、店長のパーソナリティに合わせた業務のサポートならびに店舗運営に必要な情報、発注のアドバイス、売場作りのポイントなど、店長が必要とする最適な情報をスピーディに提供し、多岐にわたる店長業務や意思決定をサポートしている。

　同社の人型AIアシスタントはファミリーマートの店長業務支援とともに、オートバックスの販売支援においても導入。購買プロセスが多く複雑なため、店舗スタッフに高度な専門知識が求められる中で、人型AIアシスタントが顧客に対して車種、購入履歴、在庫状況、価格、商品の特徴などを基に、お客様に適切な商品を推奨する。

　今後同社は人型AIアシスタントをプラットフォームとして展開し、パートナーによるサービス・ソリューション開発・展開を含め適用領域を広げる考えだ。このユースケースは、店舗を多く持つ小売や飲食店、サービス業の店舗管理支援とともに、多くの工場を持つ製造業や、現場を持つ建設業などの組織管理や、販売支援、教育など様々な領域に応用されうるアプローチだ。

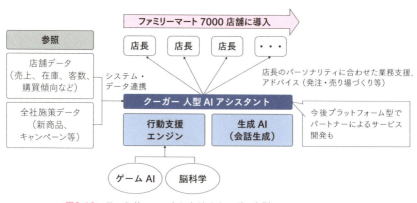

図2-19　ファミリーマートにおけるクーガー人型AIアシスタント活用

section 3

複数組織・拠点管理の半自動化

　情報のとりまとめと分析、これは日本企業の組織の中で、多くの工数がかかっている業務だ。

　企業は各現場の集合体であり、現場で何が起こっているのか、現場の声を捉えて、戦略を実行していくことが何よりも重要だ。しかし、ライン・工場や、部門・組織、店舗、フランチャイズなど多くの組織や拠点を有している場合、これらの情報を人海戦術でタイムリーに把握して、対策を検討することは難しい状況が多い。

　これらの報告を作成するのには数多くの工程が存在する。まず各拠点で情報を取りまとめて提出する。それらを統合して、統合版のデータを作成する。さらにそれを分析してまとめるといった流れだ。そのため、このプロセスを経る間に多くの時間が経過してしまいタイムリーに把握ができなかったり、数値のとりまとめに時間を要して分析まで手が回らなかったりする。また、製造業においてはIoT等で多くのセンシングデータを取得しているものの、データの膨大さがゆえに活用しきれていないケースも多い。

　これらを自動的に把握して、拠点や店舗、製造ラインなどの状況を把握し、対応を検討する取り組みが生成AI活用で行われるようになってきている。小売業のイオンと、製造業の旭鉄工の具体例を見てみよう。

本社と複数拠点とのナレッジ共有を効率化

Case 各店舗からのレポート・顧客の声の効率的集約・分析（イオン）

　先述のイオン（p.31）では、各店舗の前線現場の肌感覚の景況感をもとに、全社としての経営や商品企画など迅速な意思決定を図っている。その際に、月次で店

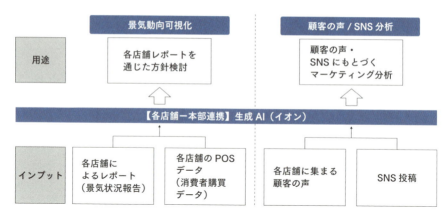

図2-20　イオンにおける生成AIを活用した景気動向可視化・顧客の声/SNS分析

長を対象に景気動向アンケートを実施し生成AIに要約・分析させている。店長からのフリーコメントの例としては次の通りだ。

「公共料金、食品の値上げで普段の生活では節約感が充満している一方で、コロナ5類変更に伴い飲食店や観光等へお金が流れている面が見える」

そうした現場の定性コメントとともに、定量データとしての各店舗のリアルタイムのPOSデータ分析結果を用いて迅速な意思決定に繋げる。全店舗から集まるため人手で全てを確認することは難しい中で、生成AIがフリーコメントの要約や、店舗単位から都道府県単位での傾向分析、時系列比較等で効果を発揮している（図2-20）。

その他、各店舗に集まる顧客の声や、SNSの膨大な定性データの分析においても生成AIに要約・整理を担わせることで迅速な対応に繋げている。

複数拠点・店舗・ライン等のパフォーマンスを自動で分析して共有

Case　AI製造部長（旭鉄工）

自動車部品メーカーの旭鉄工は、各工場・ラインの状況を自動で巡回し問題点を指摘する「AI製造部長」を生成AIとSlackを活用して構築している。ラインごとの主要なKPIの目標値と、実績値の比較の中での分析結果を自動投稿する。図2-21が自動で投稿されるSlackの画面だ。

同社は200以上の製造ラインを有しており、全てを人力でタイムリーに分析す

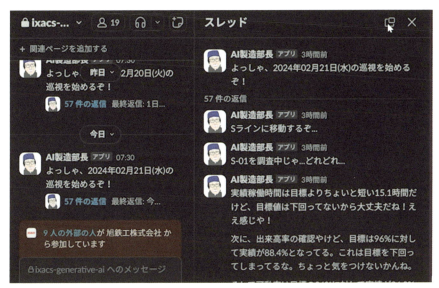

図2-21　旭鉄工のAI製造部長によるラインの自動巡回　　　（出所：旭鉄工）

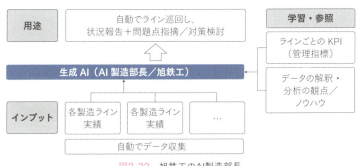

図2-22　旭鉄工のAI製造部長

ることは難しい。そこで前日のライン状況のデータを、AI製造部長が早朝の時間帯に巡回し、問題がある場合にアラートを提示するのだ。

　ラインごとのKPIについても、ラインの置かれる状況によって異なる。重点的に改善している段階であれば生産性やサイクルタイム等をモニタリングし、そうでないラインは様々な指標の中で目標値との乖離が発生しているラインを重点的にアラート提示する。

　この仕組みにおいても、自社のデータの見方や解釈のノウハウをRAGとして学習させることが重要だ。今後は、アラートを提示するとともに、自社で構築したカイゼンノウハウをもとに、アクションまで自動で提案する仕組みとする計画だ（図2-22）。

section 4 Generative Designによる設計自動化

Generative Designとは

　製品や、建物・都市などの設計領域においても**Generative Design**と呼ばれる「生成」のアプローチが進む。

　Generative Designとは、負荷、制約（重さ、強度などの条件）、優先使用材料、製造プロセス（キャスティング、切削、3Dプリンティングなど）などのシステムデザイン要件（ゴール）を指定することで、最適な設計を自動生成する方法だ。市場投入期間の短縮や、製品コストの低減などに繋がる他、人間が気づかなかった設計の提案にも繋がっている（図2-23）。

　熟練設計エンジニアが高齢化・退職し技能伝承が課題となるとともに人手不足になる中で、また環境対応・顧客ニーズの多様化・市場投入期間の短縮

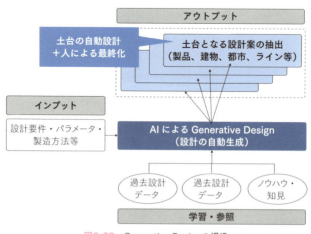

図2-23　Generative Designの構造

化など複雑化する中で設計品質を維持・向上させるために幅広い業界で活用が進む。

　Generative Designは画像生成系AIを活用した取り組みではなく、企業によって異なるものの一例だが敵対的生成ネットワーク（GANs）や、遺伝的アルゴリズム（GA）などの技術が用いられることが一般的だ。本書では詳細な技術解説は踏み込まないものの概要は下記だ。

- 敵対的生成ネットワーク（GANs）：機械学習のディープラーニングの一種。生成モデルの一種であり、データから特徴を学習することで、実在しないデータを生成したり、存在するデータの特徴に沿って変換したりできる
- 遺伝的アルゴリズム（GA）：生物の進化(自然淘汰)を模した最適化アルゴリズムの一つ。ある条件(=評価関数)に適した値の組み合わせを探索するため、解の候補を遺伝子として表現し、以下の手順を繰り返して遺伝子を変化させながら最適な値を探索

　これらの技術に過去設計データやノウハウ・知見などを学習させ、製品・建物・製造ラインやデザイン案の土台を作ることで、人がより付加価値の高い業務にシフトすることや、ノウハウ・暗黙知を伝承・体系知化することができる。この分野において企業の設計を担っているCAD/PLM企業や、BIM企業等が積極的に取り組んでいる。

Case　大規模製品モデル（Autodesk）

　CAD/PLM等を展開するAutodeskは、設計者が求める製品が何であるかを理解し、製品の動作原理、製造方法、関連する制約などを加味して、要件に基づく全く新しい製品設計案を提示してくれる新たな設計手法の「大規模製品モデル」（LPM：Large Product Model）に取り組む。

　設計を自動化するとともに、設計とともに強度計算や、コスト計算も行う。設計者は一般に60%の時間を図面作成に投入しているといわれるが、このAIを用いることで、製品設計の自動化や、図面生成・図面への寸法追記等の自動化、構成

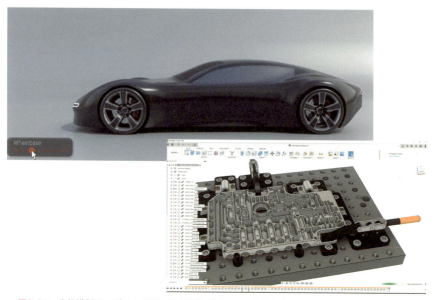

図2-24　大規模製品モデルを活用した自動車デザインの自動生成および製品設計・図面の自動化
（出所：Autodesk）

図を通じて設計者の支援を行うとともに、設計データにもとづく工作機械のパス（製品加工における加工ルート）生成をはじめとして製造工程の自動生成等にも取り組んでいる（図2-24）。

　金属向け3Dプリンター等で製造する航空機部品やインフラ部品など、特殊な形状・製法を活用して少ロットで製造するものでの活用が進んできていたが、切削加工や鋳造加工等への適用も進み現在では自動車業界をはじめ量産品に対しても適用が進んでいる。

　また、同社は製造業の製品とともに、建物や都市等のGenerative Designも提供。現在は単品の部品のモデリングであるが、今後は複合製品を組み合わせた製品・部品の設計や組立の検討など適用範囲を広げる。それにより、設計知識を持たない、経験の浅いユーザーであっても製品設計を担える世界を目指す。

Case　設計自動化の5段階レベル（PTC）

　PLM企業のPTC（米）は企業のGenerative Designの5段階を定義している。同社は3Dプリンター製造部品や、航空機部品など特定の部品単位での自動生成のケースが多いGenerative Designを大きく進化させ、今後複数部品の組み合わせでの自

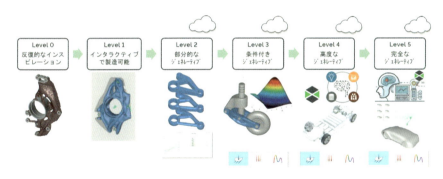

図2-25　PTCの定義するGenerative Designの5段階

動設計生成や、システムレベルでの自動設計、複合部品を活用する最終製品の自動設計にまで進化していくことを図っている。

　同社が定義しているGenerative Designの進化5段階レベルが下記だ。設計自動化の適用範囲が広がることでものづくりプロセスが大きく変化する。例えば、顧客やモデルごとに変化させる部分をGenerative Designを通じて柔軟に設計を変えることにより、顧客ごとのカスタマイズを効率的に実施するマスカスタマイゼーションの実現等に繋がる。

① 【Level 0：単品部品】トポロジー最適化（設計の配置最適化）
② 【Level 1：単品部品】製造可能なトポロジー最適化
③ 【Level 2：複数部品】複数部品の組み合わせでのGenerative Design
④ 【Level 3：複数部品】複数部品のGenerative DesignとAIによる解析・分析
⑤ 【Level 4：最終製品】システムレベルでのGenerative Design
⑥ 【Level 5：最終部品】自然言語による完全自律設計の実現

マスカスタマイゼーション×Generative Design

　例えば、ディーゼルエンジンや発電機等の製造企業のカミンズ（米）は、設計自動化の専門人材を設置している。同社は企業向けの1社あたりのカスタマイズが多く、設計の変更に工数・負担がかかっていた。

　そこで先述のPTCのGenerative Designを活用し、顧客個別の設計カスタマイズを効率化。共通モジュール部分についても設計自動化により軽量化と強

度を両立した設計への変更や、材料資料量削減などを行うとともに、顧客ごとの変動部分も効率的に自動設計を行うことで「マスカスタマイゼーション」を実現しているのだ。

「設計プロンプトエンジニア」も登場

同社においては上記のオペレーションを実現する上で、設計自動化の専門人材を登用している。Generative Designにどのようなデータを学習させて、どういった制約条件を与えると求める設計が抽出できるのかの検討に強みを持ったエンジニアだ。いわば設計自動化の「プロンプトエンジニア」と言える。今後幅広い領域で設計自動化が進む中で、こうした各機能における自動化のプロンプトエンジニアの存在が重要になるだろう。

建設・都市にも広がる自動設計

先述のGenerative Designは建設業や都市計画においても活用が進んでいる。Autodesk社傘下のSpacemaker社は、都市設計に生成AIを採用し、ユーザーが複数のデザインを検討し、ユーザーの基準や環境への配慮に基づいて

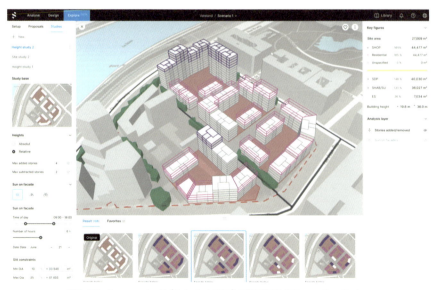

図2-26　Spacemaker社（Autodesk傘下）の都市設計のGenerative Design

最適な選択肢を選択できるようにしている。建物の設計においては日照条件や、騒音状況、風の吹き抜けなどが最適化される建物の設計パターンの土台を提示することができる（図2-26）。

同様に大手ゼネコンについても建設の初期設計を支援する取り組みを進めている。下記がその一例だ。

・大林組：スケッチや3Dモデルからさまざまなファサードデザイン（建物の正面から見た外観）を提案できるAI技術 AiCorb
・清水建設：設計初期段階における鉄骨造の構造検討業務を支援するAI「SYMPREST」

製造業の民主化が起こる

Case 写真・スケッチからのGenerative Design／ものづくりの民主化（ダッソー・システムズ）

写真やスケッチからも設計自動生成

ダッソー・システムズはフランス本社の設計ソフトウェア企業だ。同社の設計プラットフォーム上では生成AIでの言語での指示とGenerative Designの仕組みを活用することで設計の自動化を行うことができる。

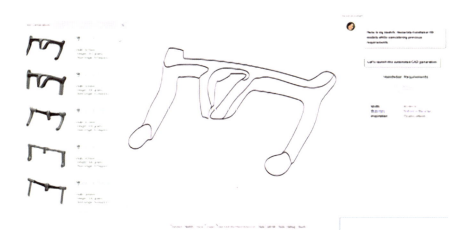

図2-27　スケッチからの設計自動生成
（出所：筆者撮影（ダッソー・システムズ プレゼンテーションより））

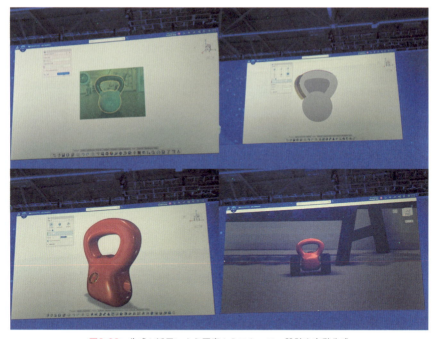

図2-28　生成AI活用により写真からスケッチ・設計を自動生成
(出所：筆者撮影(ダッソー・システムズ プレゼンテーションより))

　上記の設計の自動化とともに、スケッチから設計の自動生成を行うこともできる(図2-27)。スケッチをもとに設計についての要件指示等をテキスト系の生成AIを文字＋音声認識を活用して指示を行うとともに、Generative Designにより設計候補が自動生成される。これにより今までの製品設計・デザインプロセスが大きく変わることが想定される。

　さらに写真からスケッチを自動生成し、そこから製造可能な図面を生成することも行われ始めている(図2-28)。これらの活用により、ユーザーとしては、大幅に設計のプロセスを効率化することや、生成設計からインスピレーションを得てよりブラッシュアップした設計を検討することが可能となる。

　同社は生成AI企業としては仏Mistral AIと連携し、ユーザーの設計データや設計にもとづくノウハウの検索・抽出にも取り組む。Generative Designと、言語系生成AIの掛け合わせにより設計のあり方を大きく変えていく。

■ ものづくりの真の民主化の可能性

また、ものづくり自体が製造業でないユーザーへ民主化する可能性も家具業界から示されている。「Home By Me」と呼ばれるダッソー・システムズのソリューションにおいては、バーチャルツイン×生成AIによるマスカスタマイゼーションの進化や、生成AI時代の新たなメイカーズの可能性が示された。

ユーザーはスマートフォンのアプリケーションを起動して自分の部屋をスキャンすると、AIエンジンを活用したGenerative Designで部屋のレイアウト、配置等を家具の設計とともに自動生成することができる。ユーザーはそのデザイン案からレイアウトを選択することや、組み合わせることや最適なデザインへ変更することも生成AIに指示をして行うことができる（図2-29）。

加えて「Make By Me」においてはスキャンしたデータから家具の設計データを自動生成し、そのデータをもとに製造もおこなうこともできる（図2-30）。顧客ごとのニーズに合わせたカスタマイズ製造を高効率に実現する「マスカスタマイゼーション」が、バーチャルツイン×生成AIでより広がるポテンシャルを有しているのだ。

図2-29　スマホでのスキャンをもとにAIが生成した部屋レイアウト
（出所：筆者撮影（ダッソー・システムズ プレゼンテーションより））

図2-30　生成AIで自動生成された家具設計データ
（出所：筆者撮影（ダッソー・システムズ プレゼンテーションより））

2010年代に3D設計と3Dプリンターが生まれた際にメイカーズムーブメントが起こった。いわゆる「ものづくりの民主化」だ。その際は3D設計ノウハウが必要であり、完全な民主化とまではいかなかった。

しかし、今回の生成AI×バーチャルツインの変化は、写真やアイデア・生成AIへの指示から図面を生成し、製造までつなげる可能性を有しており、より広いユーザーに対する「ものづくりの民主化」が広がりうるのだ。

製造ラインも生成する時代へ

Case　生産ラインのGenerative Design（NVIDIA）

Generative Designは製品や建物等のみならず、ノウハウの塊ととらえられている製造ライン・生産技術の分野にも広がろうとしている。

図2-31はNVIDIAの産業メタバースOmmniverseでの事例であるが、ユーザーが生成AIに製造ラインの求める要件を指示することで、製造ラインの3Dデザインのたたき台が生成されるというものだ。これにより製造業のあり方や、ライン導入を支援するロボットSIer[※2]・ラインビルダー[※3]の産業構造が大きく変わるポテンシャルが存在する。

※2/3：ラインビルダー：製造業企業に対して製造ラインの設計や導入・インテグレーション等を実施する企業で生産設備SIer（システムインテグレーター）やロボットSIerとも呼ばれる

図2-31　NVIDIAによる生産ラインのGenerative Design　　（出所：NVIDIA）

ロボットシステムインテグレーター（ロボットSIer／ラインビルダー）の変化

　ラインビルダーやロボットSIerとしては、図2-32の左端「引き合い/初期提案」の顧客への見積もり対応や仕様コンサルテーション（左部）、右端「オペレーション・メンテナンス」の顧客オペレーション問い合わせ・メンテナンス対応（右部）などに多くの時間を費やす必要があるものの、そこに顧客が金額を払う商慣習がなく経営効率の悪化の要因であった。

　これらが、左部については過去提案資料等のRAG参照を通じて顧客初期対応・初期案提示などを効率化させるとともに、右部については納入書・手順書や過去トラブル事例等を学習して生成AIとして学習し初期顧客対応を行うことで大幅に効率化し得る。

　加えて、より業務のコアである設計についても3Dデザインデータの読み込みによる製造ラインのGenerative Designによる初期たたき台提示や、ロボット制御コードの生成による効率的なインテグレーションの実施、試運転

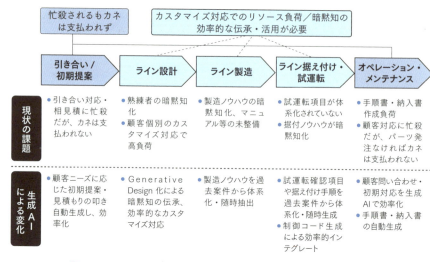

図2-32　ラインビルダー・ロボットSIerの生成AIによる変化ポテンシャル

等においても試運転確認項目等を学習させて効率的に検討することなどで生産性を大幅に向上させることができる。

　ロボットSIerやラインビルダーとして現在コスト構造や収益性の低さに苦しんでいる企業も存在する中で、こうした取り組みを先んじて進めたプレイヤーは、効率性や収益性を大幅に改善し得る。今後生産技術力を有する製造業メーカーや、多くの顧客の製造ラインを設計しているラインビルダー・生産設備SIerがラインの3Dデータを学習させて、製造ラインを自動生成するソリューション展開していくことなど産業構造の転換が期待される。

section 5 素材探索・創薬の自動化・用途開発

素材探索の効率化

　素材探索においては**マテリアルインフォマティクス（MI）のアプローチ**がとられる。

　全ての製品の土台となる素材は「素材の高度化・複雑化」「開発の短期サイクル化」などの環境変化の中で、早期に開発を行うことが求められている。どのような組成（成分）や製造条件にすれば目的の物性や機能といった等特性を実現できるかを、研究者の経験値や、膨大な試行錯誤を通じて探る作業であった。組成や製造条件を変えては試作し、特性を確認する実験を繰り返すのだ。

　従来は、こうしたプロセスは長期的な観点で知見を蓄積し取り組む日本企業の強みの領域であったが、先述の背景からデジタルを活用して高速化することが求められている。

　こうした課題に対して取られるのがマテリアルインフォマティクス（MI）だ。Generative Design同様に言語モデルとは異なるアプローチであるが、広い意味で仮説を「生成」する技術である。このMIの取り組みのフロントランナーのMI-6の事例を見てみよう。

Case マテリアルインフォマティクスによる素材探索（MI-6）

　MI-6は幅広い企業にMIを提供している。図2-33が主な同社の対応領域であるが、有機・無機・複合材料など対象とする材料や、業界としても化学企業・鉄鋼企業など素材系の企業はもちろん自動車会社や家電企業など最終製品を担う企業もMIの活用企業だ。

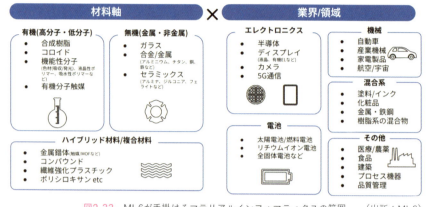

図2-33　MI-6が手掛けるマテリアルインフォマティクスの範囲　　（出所：MI-6）

　膨大な既存の材料物性や分子データ、関連論文、研究者の知見・ノウハウ等を学習させて、目的に適した新規素材の分子の仮説を生成することや、その材料特性の予測、実験条件仮説等の提示を行う。

　従来は研究者の暗黙知やひらめきが重要であり、素材探索の仮説範囲が限定的にならざるを得なかった。しかしMIの活用により、AIが膨大な新規素材候補の仮説を示すことで仮説の範囲を広げるとともに、その仮説分子の特性シミュレーションやスクリーニングを実施して詳細実験を行う分子の特定を行うことが短時間でできるようになってきているのだ（図2-34）。

　MIを通じて提示された分子の仮説から、研究者が着想を得て新たな分子の仮説の発想・ひらめきに繋がるといったケースも生まれている。直近では、半導体不足に対応する素材の探索、電池関連ではレアメタル等特定の材料への依存が進ん

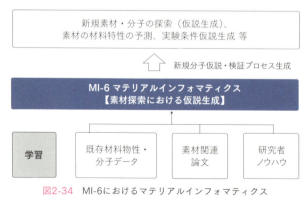

図2-34　MI-6におけるマテリアルインフォマティクス

（出所：MI-6）

でいる素材の代替分子の探索だけでなく、容量等競争力の高いEV電池に向けた素材探索、またサステナビリティ関係では素材の軽量化・耐久性の対応、環境規制に対応した環境負荷の小さい素材の探索、リサイクル後も品質を確保できる材料の探索などたくさんの事例が増えている。

素材は全ての製品開発の土台となる領域でありMIで素材探索における仮説生成を通じて日本の製造業の変化対応に貢献していく。

Case 新規用途探索で売上向上へ（三井化学）

三井化学は生成AIを用いた化学素材の新規用途の探索や、素材開発の方向性検討に活用している（図2-35）。

化学業界は素材開発や活用が日々進んでおり技術文書や論文等の参照・分析が欠かせない。こうしたプロセスを生成AI活用で「自社固有の辞書化」することで、効率化するとともに、人間ではカバーしきれなかった範囲に拡げる。

それにより、新規市場・顧客の開拓や、売上・利益の拡大など新しい付加価値を生んでいる。素材においては競争力のある素材が生まれたとしても、その用途・活用が進まなければ収益とならない。その新規用途の発見数を生成AIの活用により倍増させ、かつ作業効率を3倍に高めている。

例えば、食品包材用の素材が電子部品関連にも使えるという新規用途や、建築用の素材が半導体関連にも使えるという新規用途を発見することに繋がっている。こうした素材の新規用途はすでに190例が見つかっており、実際のビジネスに導入も進む。

加えて、SNSの膨大なビッグデータの活用にも生成AIを活用する。500万件の

図2-35　三井化学における生成AI活用

データをマッピングして、相関ネットワーク分析を行った結果、地方電鉄の「カビ臭さ」への言及を数多く発見。該当する鉄道会社への防カビ剤提案にも繋げている。最終製品を活用するエンド顧客との距離が存在する素材企業の新たなビジネス拡大・マーケティングのあり方が生成AIを通じて生まれてきている。

創薬の効率化

同様に創薬においても従来は研究者の仮説と、膨大な試行錯誤が重要な領域であった。これらについて、AIの活用で創薬を大幅に効率化する取り組みが進む。

海外の大手製薬企業ではAIを活用した創薬が進んでいる。COVID-19のワクチン開発においても、モデルナがわずか9ヵ月でワクチン開発を実施したことが知られているが、背景にこうしたAIの活用がある。創薬分野においてはバイオ・インフォマティクスと呼ばれるアプローチが取られ、創薬ターゲットとなる物質の抽出・仮説生成を行う広義での「生成系」AIである。

例えば、分子の配列、構造、機能、意味の基本的な構成要素を観察し、望ましい特性を持つ可能性が高い新しい分子を生成、または設計できるようになる。創薬のAI活用としては下記をはじめとした取り組みが一例として進む。

- 疾患ターゲット探索（疾患と関連し発症や進行に関わる因子や、病気を治療するための因子、遺伝子やたんぱく質等を特定する）
- 医薬品分子デザイン（疾病に関連した遺伝子の中からターゲットとなりうる分子（酵素や受容体など）を特定し創薬に活かす）
- 医薬品候補分子探索、自然言語を用いた膨大な論文・症例検索、治験・臨床データの分析
- AIによる予測で患者それぞれに適したがんワクチンを開発

Case 標的タンパク質の高速特定（富士通／理化学研究所）

富士通と理化学研究所は、創薬にあたりターゲットとする標的タンパク質を、従来の10倍速く高速で特定するAIを開発している。大量のタンパク質の電子顕微鏡画像を学習し、タンパク質の立体構造の形態について、それらが取り得る割合と、推定された割合から標的タンパク質の立体構造変化を予測する技術を開発している（図2-36）。

こうした技術の活用により、従来では10年以上かかる創薬プロセスを大幅に短期化するとともに、成功確率を高められる。今後は遺伝子からタンパク質の動きを原子レベルで予測するAIの展開も目指す。

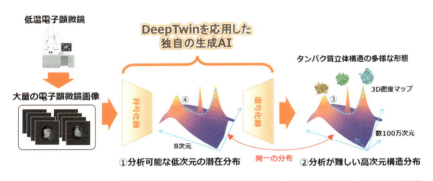

図2-36　生成AIを活用した創薬技術　（出所：富士通・理化学研究所）

Case AI時代の製薬会社による連携（ゼウレカ）

創薬におけるAI活用が進む中で、企業を超えた連携も起こっている。三井物産の子会社のゼウレカはAIを活用した創薬支援を行っている。薬が標的とするタンパク質の立体構造生成をはじめとして、薬の元となる化合物探索や、医薬品の土台となるリード探索・最適化をAIとシミュレーションを活用し支えている。

特徴的なのはその座組だ。個別企業に対するAI創薬支援とともに、「Tokyo-1」と呼ばれるAI創薬の企業を超えたコミュニティ型での展開も行う（図2-37）。創薬においてAIの重要性が高まる中で、個別企業のみで計算資源の確保や、今後必須となる創薬でのAI活用のノウハウを蓄積することは限界がある。

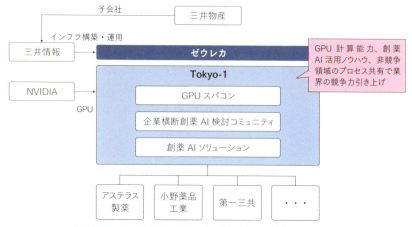

図2-37 ゼウレカによる製薬会社が参画するAI創薬の取り組み

　近年では創薬にあたって活用するAIモデルの大規模化や、数十億超の化合物の組み合わせから探索するなどのアプローチも増えてきており多大な計算リソースとノウハウが求められる。創薬研究への利用に適した最先端GPUスパコン環境の提供や、企業横断でAI活用のノウハウを共有し連携を図る取り組みを進める。

　この取り組みには現在、国内の大手製薬企業3社が参画し、今後も製薬企業・医療機器企業など対象を拡大する方針だ。Tokyo-1へ参画する製薬企業及びゼウレカでは、AI創薬に関する技術的な検証などは非競争領域として捉え共同で実施することで、昨今加速度を増してUpdateされる先端のAI創薬研究のキャッチアップに対応している。検証結果を共有することで、各々の創薬研究の各プロセスにおけるAIの活用を促進し、国内製薬業界の競争力の底上げを図る。

section 6 フレキシブル機器・ロボット制御

事前インテグレーションが必須の従来ロボット

　現在製造業や物流など様々な領域でロボットの活用が進んでいる。ロボットは導入企業が単にロボットを調達すればオペレーションで活用できるわけではなく、企業のオペレーションや用途に合わせてインテグレーション（調整・据え付け）をする必要がある。

　事前にロボットに実施させたい動作を定義して、その通りに動くようにロボットをティーチングさせるのだ。そのティーチングはノウハウや知見がある企業は導入企業が実施し、多くのケースでは**ロボットシステムインテグレーター**（**ロボットSIer**）と呼ばれる企業が実施を行う。

　そのため、従来のロボットは繰り返し業務には相性がよく、製造業の加工や、塗装、溶接、搬送などの工程において歴史的にロボットが多く導入されてきた。一方で、状況判断や、人のニーズに合わせて柔軟に動作を切り替えなければならない動作は、ロボットの苦手な作業とされてきた。事前に全ての動作をロボットに学習させて、ティーチングさせることが困難であるからだ。

　そのため、製造業や物流を超えた、一品一様の建設業や、サービス業、農業などでは一部のロボット導入に留まっていた。

生成AIとの融合によるロボット・機器の変化

　しかし、その状況が生成AIとの融合によって変わりつつある。システムのプログラミングコードの自動生成と同様に、生成AI活用でロボットや機器の制御コードを自動生成し、ロボットを制御・インテグレーションするこ

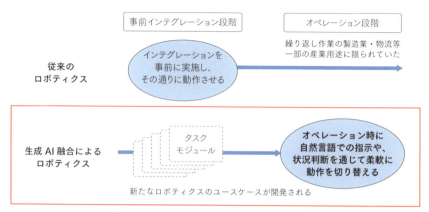

図2-38　生成AIとの融合によるロボット動作の変化

とができる。

　これを応用して、ロボットに生成AIを組み込み、事前に動作を全てティーチングしてその通りに動かさなくとも、自然言語での指示や状況判断をもとに柔軟に動作を切り替えることができるようになっている（図2-38）。

　これにより、事前のインテグレーションの負荷が最小化されるため、導入企業にノウハウがなくとも導入しやすくなるとともに、柔軟に動作切り替えが求められる今までロボットの対象とされてこなかった工程にロボットの適用範囲が広がることになる。

生成AIでロボットの動作をフレキシブルに変化

Case　Generative-AI-Robot（デンソー）

口頭の指示から自律的に考えて動くロボット

　デンソーが提案しているGenerative-AI-Robotは、人との会話の中で実行タスクをロボットが判断して動作を行う。従来の事前のティーチング通りに動かすロボットのあり方とは大きく異なるロボットのあり方だ（図2-39）。

　例えば、当該ロボットに人が話しかけ、「水・お茶・ペンを取って」、「ベルを組み立ててならして」などと指示をすると、その指示に応じて協働ロボットが動作判断し実行する。モノを取る動作だけでなく、組立業務も行わせることができる。

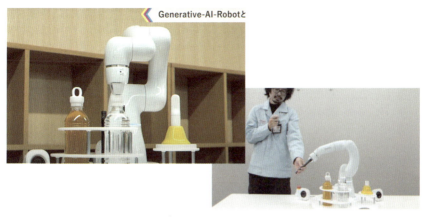

図2-39　デンソーのGenerative-AI-Robot　　　（出所：デンソー）

また、甘い飲み物が欲しい、書けるものが欲しいなどのあいまいな指示であっても生成AIが実施タスクを判断し、実行することができるのだ。

生成AIロボットの仕組み

Generative-AI-Robotの仕組みとしては、人の指示をテキストに変換する音声認

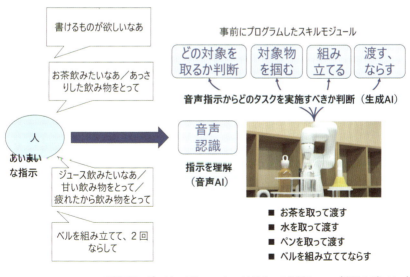

図2-40　デンソーのGenerative-AI-Robotの仕組み　　（出所：デンソー）

識AIと、その指示から実行タスクを判断する生成AIの大きく2つに分かれる。

まず、あいまいなものも含めた人の指示や会話を音声認識AIがテキスト化する。そのテキスト化された人の指示をもとに、「スキル」と呼ばれる事前にプログラムされた小さい単位での動作モジュール（例：掴む、組み立てる、渡す）などを組み合わせて、音声指示からどのタスクを実施すべきかを生成AIが判断するのだ。

生成AIには、事前にどういったスキルができるロボットなのかなどをプロンプトとして指示をしており、その前提でロボットが動作する。（図2-40）

🔖 今までのロボットの概念・適用先が変わる

同社としては、生成AIと融合したGenerative-AI-Robotは、今までのロボットの導入対象であった製造業の大量生産ラインから大きく拡大し、人がいるシーン全てが導入範囲になると考える（図2-41）。

例えば製造業においては、製品のニーズの変化やライフサイクルの推移の中で試作段階、大量生産段階、少量生産段階と変化する。このうち大量生産段階は、今まで通り事前にインテグレーションを行い高速で動作させるロボットの活用を行う製造ラインとなる。

今回のGenerative-AI-Robotが対象とするのは、試作段階や、少量生産段階となり、これらの段階では状況や生産計画に応じてフレキシブルにオペレーションを変えることが求められる。

従来の協働ロボットは、速度が遅く衝突停止機能がついており柵の必要のない「安全な産業ロボット」としての使い方が主流であり、本当の意味で人間と作業を協働して取り組むケースはまれであった。Generative-AI-Robotはこうした協働ロボットと人の連携の在り方も変えることになりうる。

加えて適用できるのは、食品製造業、建設業等の人との協働が求められるかつ、フレキシブルな対応が求められるものづくり領域や、物流・小売・医療・サービ

今までのロボット	Generative-AI-Robot
主に組立製造業の中でも繰り返し業務を行う大量生産ライン（一部物流、建設業）	● 製造業の試作ライン、多品種少量ライン ● 食品製造業、建設業 ● 物流業、小売業、医療・サービス業 ● 農業、1次産業 など

図2-41　今までのロボットの概念・適用先が変わる

ス業に留まらない。さらには農業・1次産業や、通信がなくとも自律的に復旧し動作する宇宙ロボット、家庭における人と一緒に調理するロボット、部屋の状況を判断して分担して片付けを行うロボットなど、生成AIとの融合によって今までロボットが導入されてこなかった分野にロボットの適用範囲が広がっていくと捉える。

ロボットモーションのモデル化で正確な動作を実現

Case ロボットモーションモデル（産業技術総合研究所）

　産業での正確な動作が求められる領域でのロボット動作生成の取り組みも進む。産業技術総合研究所のインダストリアルCPS研究センター（センター長 谷川民生氏）は、今後のロボットの姿を見据えロボットのモーションを生成する言語モデル（ロボットモーションモデル）の開発を行っている。

　現在、生成AIがプログラムのコード同様に、ロボットの制御コードを生成できるようになっているが、よりコード生成に特化させて学習し、精緻なコード生成を図るのがロボットモーションモデルだ。

　人や生産計画、センシング結果をもとに既存の生成AI（言語モデル）が実施しなければならないタスクを判断する。その上で、言語モデルから連携される実行タスクに応じて、ロボットモーションモデルが各ロボットの制御コードを生成し、ロボットに正確な動作を指示するのだ。

　例えば、工場内や物流センター等でモノを掴む「把持動作」においては、モノの形状が異なるため事前学習がしきれずロボットの導入が難しい工程の一つだ。

　そこに製品特性・3D形状と、動作モデルを紐づけた形でロボットモーションモデルを学習させ、掴む対象に応じて適切なロボットモーションを生成して正確に動作させる。

　これにより、産業構造が大きく転換すると同氏は見る。今まではロボットの動作をユーザーのオペレーションに合わせて、専門のロボットシステムインテグレーターが導入を行っていたが、このモデルが整備されることによりユーザー側でオペレーションの変化に合わせて柔軟に設定することができる（図2-42）。

　また、ロボットメーカーが自身のロボットに合わせたモデルを提供することで、ロボットごとに適した制御コードを生成できるため、モーションモデルが精緻に

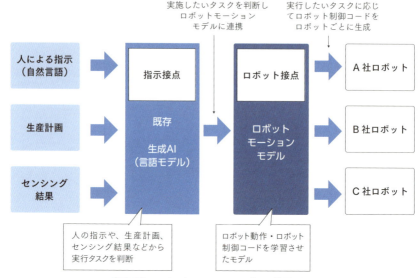

図2-42　ロボットモーションモデルの位置づけ

構築されるとどのロボットであっても、当該タスクが実行できることになる。よりロボットメーカーにとっては「ロボット自体」のハードウェアの提供から、それをこうしたモデルを活用して「ロボットをどう使うか」の業務・オペレーションも含めたサービス型の展開へとシフトが求められる。

　同氏は現在取り組む製造・物流分野での「把持」工程から、今までロボットが導入されきっていない1次産業や、サービス業、さらには環境対応の中でリサイクルされてきた個別の製品の分解・再製造等の回収後対応に適用範囲を広げていく考えだ。

実験の生成AIロボット化で研究者のあり方が変わる

Case　フレキシブル実験ロボット（理化学研究所／大阪大学）

　また、実験・研究におけるロボット活用においてもフレキシブルな動作生成が活用されてきている。実験は元来個別性・動的性が高く標準化や事前の動作インテグレーションが難しい。そのため、研究者が多くの時間を投入して実験を行う必要があり、実験の工数が制約となり多くの仮説をトライアンドエラーすること

図2-43　植物実験におけるロボット活用におけるフレキシブル動作生成

(出所：理化学研究所)

には限界があった。

　理化学研究所は、こうした規格化されていない実験環境を認識してロボットアームの動作を自動的に生成し、自律実験を遂行するAIシステムを開発している。同研究所は植物実験において当該ロボットを適用。植物は個体ごとに形状が異なり、実験の中でのサンプルのダイナミックな変化に合わせて実験環境を認識し、次の動作を検討する柔軟な対応が必要だ。

　カメラでとらえた実際の環境を3次元で認識し、それを高精度に再現したデジタルツインでシミュレーションする。カメラ画像をもとにTransformerモデルを用いてロボット動作を生成し、自律制御を行う。「最も大きな葉に液体を添加」、「葉の中央に添加」など抽象的な指示で実験ロボットを制御することができる（図2-43）。

　同研究所は、植物など生物に関する実験とともに、再生医療用細胞の実験においてもロボット活用を進めている。研究チームとしては、動作生成実験ロボットの仕組みは研究者のあり方を変えると捉える。研究者が時間のかかる実験の実施自体を自動化することにより、本質である研究仮説の考案・トライアンドエラーや、実験結果をいかに考察し社会実装に向けて取り組むのかにより時間を投入することができる。

生活や家事でロボットが活躍する時代へ

Case 自律搬送ロボット・カチャカ（Preferred Robotics）

　今まで掃除や洗濯、料理などの家事・生活領域は、動作がその都度異なり事前のインテグレーションが難しいため、ロボットの導入が難しいと言われていた。Preferred Roboticsは家庭での活用を想定する自律搬送ロボットのカチャカを展開（図2-44）。人の指示にもとづいて柔軟に動作をする。

図2-44　自律搬送ロボットのカチャカ　（出所：Preferred Robotics）

Case プラントや機器の制御コードの自動生成
（EcoStruxure Automation Manager：Schneider Electric）

　先述したシステムのプログラムのみならず、プラントや機器の制御コード自体を生成AIで自動生成する取り組みも進み、自律的に生産性とエネルギー使用量のバランスを図る制御をもとに動作していく世界が近づいている。

　Schneider Electricは仏本社の産業機器・ソフトウェア企業だ。産業ソフトウェア開発においては、複雑化するシステムにより設計品質の担保が難しくなり、不具合改修を含む開発の長期化を招いている。また、慢性的な制御エンジニアの不足に加えてベテランの退職によるメンテナンス人材の不足リスクの増大。加えて、機器はメーカーごとの独自の操作方法やライブラリがあり1から習得するのに時間がかかる課題が存在している。

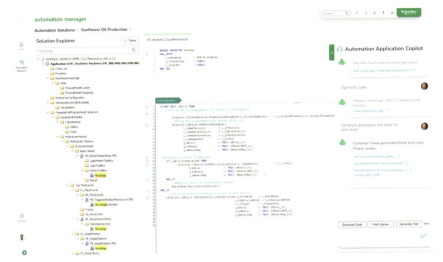

図2-45　EcoStruxure Automation Managerでの生成AIによる制御コード生成

(出所:Schneider Electric)

　同社は生産準備でのプラント・ライン立ち上げの効率化を行うべく、プラントの制御コードを生成AIで自動生成する「EcoStruxure Automation Manager」を展開しそれら課題に取り組む。自然言語でPLCなどの制御プログラムやテスト仕様書を自動生成し、考慮すべき点や参照ドキュメントなども提示する(図2-45)。

　今後同社の強みである脱炭素・エネルギーマネジメントと制御コードの自動生成とシミュレーションを掛け合わせることで、生産性高く効率的に動作するだけでなく、電力使用量・エネルギー消費量等を最適化する制御の提案・生成に繋げ「制御起点のAI×デジタルツイン」展開を行っていくことが想定される。

今後デジタルと現実世界の接点となっていくロボット×生成AI

　今後ロボットに反応速度の速いSLM (Small Language Model)と呼ばれるロボット動作に最適化しパラメーター数の小さい言語モデルが導入され、システム側のLLMと連携していく姿となる。ロボットはデジタル世界と現実世界の接点となっていくことが想定される。工場等のロボットが加工対象と

なる製品を、飲食店や建物管理等に導入されている自律移動ロボットが環境をセンシングする。そしてそのセンシング結果をもとに生成AIが次の加工アクションや、飲食店の次の注文を出すタイミング、建物管理の保全をする箇所やタイミング等を検討する。

　その結果にもとづき、ロボットに指示や制御コードの生成がなされ、その指示や制御コードを受けたロボットが柔軟に次の動作をする。そのような世界が生成AIとロボットの融合の中で実現されようとしている。ロボットが柔軟に動作できるようになる中で、アーム型など従来のロボットに最適化された形状から変化も生まれている。ヒューマノイドロボット（人型ロボット）も生産現場をはじめ導入が進みつつある。

　今まではロボットは機器ごとに制御のあり方が異なっていたが、生成AIがこうした機器ごとの違いをもとに制御コードを書き分けられるようになってくると、ハードウェア自体よりも、それらを統合的に繋ぐインターフェースをいかに握りに行くのかが鍵となる。今後デジタルと現実世界の接点や「目」や「手足」としてのロボットやドローンと、「頭」としての生成AIの連携による社会変革やオペレーションの変化が想定される。

section 7 業務プロセスのAIエージェント化

　今まで見てきたように、各業務の広範囲を生成AIはじめとしたAIが多くの部分を担うことができるようになる中で、自動化できる部分を「AIエージェント」化し自律的にオペレーションができる形で整備する動きが進む。AIエージェントは人間が与えた目標を達成するために、自律的に外部ツールを選択、使用して動作するAIのことを指す。

　先述のウォルマート(p.68)やロレアル(p.69)の事例のように顧客との会話の中で、課題を特定し商品提案を行う生成AI活用も一種のAIエージェントだ。今後こういった自律的に動作を行うAIエージェントが、各機能・組織ごとに導入され人のタスクを効率化することや、システムごとにそのデータを参照して分析結果やシステムと、システムのデータフォーマット変換等を行う形で拡がることが想定される。

業務ごとのAIエージェントとその連携

　今後企業のあり方として、各組織・ファンクションのノウハウやデータを学習やRAGとして参照したAIエージェントが業務を支援していく形となる。
　例えば経理・法務などであれば、会計システムの財務データ、会計・法律知識や、過去の事象に対する対応結果等だ。経営企画であれば競合他社の財務データやIRデータ、財務データ・経営データ、過去の戦略意思決定とその結果等だ。そして段階的にはなるが、これらの個別業務ごとのエージェントを管理したり、それぞれの連携を支援したりする全体管理や監視するAIエージェントも中期的には生まれてくる(図2-46)。

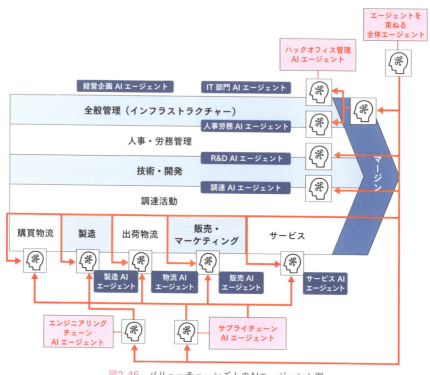

図2-46　バリューチェーンごとのAIエージェント例

システムごとのAIエージェントとその連携

　システムの観点でもそれぞれのシステムのデータを学習・参照したAIエージェントが存在し効率化を行う形となる。先述のERP企業のSAPが提供するAIエージェントのように各システムにおいてAIエージェントが搭載され、情報を引き出しサマライズすることや、データをもとにアクション案を生成できる形となる。

　その上で、中期としては段階的に今まではシステムごとに細分化しがちであったデータを、システム間で連携・統合し、データフォーマット変換等を行うシステム間連携エージェントが存在する形となるだろう。業務組織・システム単位の双方を組み合わせてAIエージェント型で業務を効率化・組み

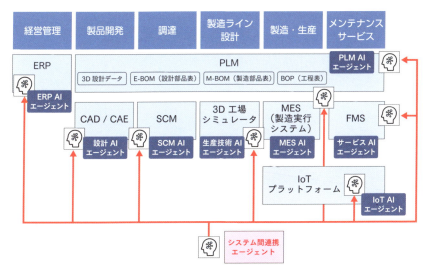

図2-47　システムごとのAIエージェント例

換えをしていくことが未来の姿となる（図2-47）。

　ここで、マルチエージェントを活用した博報堂の商品企画の取り組みや、AIエージェントで企業のあり方を変革すべく動いているパナソニックコネクトや、NTTデータの取り組みを見てみよう。

Case Nomatica（ノーマティカ）-マルチエージェント- （博報堂テクノロジーズ）

　AIエージェントの一つの方向性として、異なる役割を与えた人格（AI格）を付与して、その複数の視点から検討をさせることは有効な一手だ。従来であれば条件に適した人材を探してきて、時間を確保してもらって実施する必要があったが、こうしたプロセスが効率的に実施できる。博報堂テクノロジーズは製品開発に必要な専門知識を持たせた複数のAI同士が自立議論を行いアイデア創出と意思決定を行う。

　企画・製造・物流・リテール営業などそれぞれの立場と専門知識を持つエージェント間でブレーンストーミングを実施させて、顧客の商品企画・開発を支援する。このアプローチは、製品開発に限らず、仮想消費者調査、経営意思決定、投資の判断、採用方針の検討など様々な領域に応用が想定される。

Case AIエージェントによる自律企業経営（パナソニック コネクト）

　パナソニック コネクトは生成AIの活用をかなり早い段階から全社で進めてきた企業の1社だ。先述の通り、年間18.6万時間という膨大な労働時間を生成AI活用で削減している。同社の生成AI活用は段階的に活用を深めてきていることにある。

　まず既存の汎用AIを徹底活用するとともに、次に自社公開情報を参照させて固有の情報を回答させる自社特化AIを活用。その上で、自社固有の社外情報についても参照させて、より踏み込んだ回答をさせる自社特化AIの活用へと活用段階を発展させている。今後は個人の業務や役割に応じて回答してくれる個人特化のAIの提供を通じて、より従業員の業務を支援していく方針だ（図2-48）。

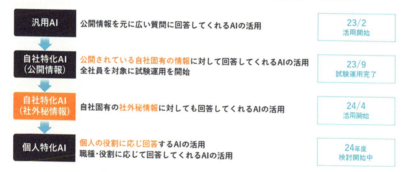

図2-48 パナソニック コネクトの生成AI活用段階

（出所：パナソニック コネクト）

　今後AIがエージェント型への進化を遂げてゆくと捉える。現在の1つの問いかけに対して回答するオラクル型から、今後は課題を明確にすることで目的を達成するために連続したタスクを他のシステムと連携して完了するジーニー型へと進化を遂げ、さらには長期的な目標を持って計画・立案・タスクの実行・最終確認まで持続的に状況を判断しながら業務を遂行し続けるソブリン型が登場すると見込む（図2-49）。

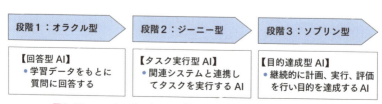

図2-49　ニック・ボストロムが提唱するAIエージェント進化モデル

（出所：『Superintelligence: Paths, Dangers, Strategies』）

進化モデル①：オラクル型

進化モデルの1段階目は回答型AIのオラクル型だ（図2-50）。学習データをもとに質問に対して回答を行う現在の一般的に活用されている生成AIのあり方だ。

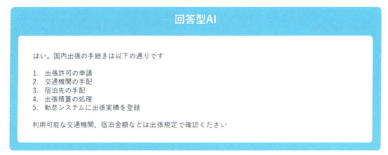

図2-50 【第1段階】オラクル型AIモデル

（出所：パナソニック コネクト）

進化モデル②：ジーニー型

進化モデルの2段階目はタスク実行型AIのジーニー型だ（図2-51）。複数の関連システムと連携し、タスクを実行する。例えば下図のように出張の要件を伝えた上で、AIが出張申請、交通機関手配、宿泊先手配と、複数のタスクの実行を行う。

図2-51 【第2段階】ジーニー型AIモデル

（出所：パナソニック コネクト）

進化モデル③：ソブリン型

進化モデルの3段階目は目的達成型AIのソブリン型だ（図2-52）。継続的に計画、実行、評価を行い目的達成する。例えば図のように問い合わせをマーケティングで100件獲得したいといった目的の達成のために、PDCAを繰り返し様々な業務を複合的に実施する。

依頼例：製品のPRをSNSを使って実行し、問い合わせを100件獲得したい。

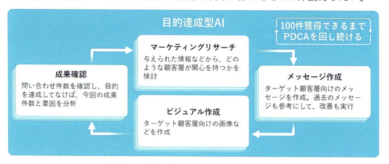

図2-52 【第3段階】ソブリン型AIモデル（出所：パナソニック コネクト）

　同社はこれらの実現により最小限の人の介入で自律的にAIが業務をこなすオートノマスエンタープライズ（自律型の企業）が今後実現できると考える。生成AIは業務プロセスのあり方を大きく変えていく。AIの進化を前提とした、今までの常識にとらわれないオペレーション設計が重要となる。

Case デジタルレイバー化を見据えた事業変化（NTTデータ）

　NTTデータは国内外の企業に対して生成AIサービス（LITRON）を提供している。言語モデルについてはGPTや、AWSのBedrock対応の生成AI（Claude、Cohere、Llama等）、NTT開発のtsuzumi等を用途に応じて組み合わせて活用することができる。

　生成AIによる今後の業務の変化としては、従来人が実施していたホワイトカラーの業務が、AIを相棒・パートナーとして活用しながら人が業務する形に変わってきている。例えば、店舗やイベントにおける接客・顧客においては生成AIを活用したアバターの「デジタルヒューマン」型のオペレーションを導入する。

　従来の生成AIは個別のタスクに対する対応を得意とし、その前後の段取りや準備等を自律的に行うことはできなかった。同社はこの部分を技術開発しこれらをAIが指示されたタスクに対して回答を生成するだけでなく、自律的にそのタスクの前段階の段取り（日程調整・連絡実施等）を行い、複数のタスク結果を総合して目的を遂行するも行う「デジタルレイバー」型へと深化させていく。

　段取りにおいて参考意見を聞いたり、確認したりしていく対象は人とともに、AIエージェントも対象だ。AI同士の連携を促進するためにAIエージェントの回答の信頼性を評価する技術も開発中だ。それらの取り組みを組織単位へ発展させ経

理や、法務、購買、人事など各業務組織や関連システムの情報を学習し特定組織を支援できるAIエージェントを生む。これらの複数の組織AIエージェント間が相互連携することや、全体を管理するAIエージェントによる最適化でより大きな課題解決や価値創出を行う姿へと変化するのだ。

こうしたAIエージェントによる未来の変化に先回りして事業展開を行うことで、システムインテグレーターとして顧客の個別システム開発や導入を行うビジネスモデルが大きく変わる（図2-53，図2-54）。

各業務システムにも精通しそれらとAIエージェントとの連携に強みを発揮できることも活かし、業務AI化に向けた伴走コンサルティング型の支援や、業務AIエージェントソリューション展開、AIエージェント型オペレーションのBPO型受注など、生成AI時代のビジネスモデルへと大きく変革する構えだ。

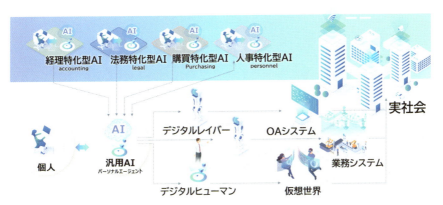

図2-53　AIエージェント同士がコミュニケーションする今後のビジネスの姿　　（出所：NTTデータ）

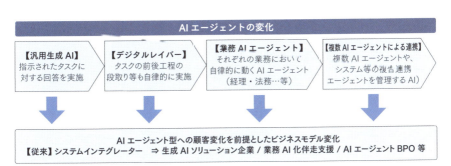

図2-54　AIエージェントによる顧客業務とNTTデータのビジネスモデル変化

section 8 交渉・企業間コミュニケーション自動化

　前項ではタスクやオペレーションを自動化するAIエージェント化について触れたが、さらに進んだ姿として中長期では今後**AIエージェント同士の連携や交渉**等が想定される。今後の複数エージェントが相互関与し合う姿を試行しているウォルマートや、NECの取り組みに触れたい。

サプライヤーとの価格交渉・コミュニケーション

　製造業や小売店などは膨大な数のサプライヤーとの調達を行っており、1社1社との価格交渉や納期調整などのコミュニケーションはリソースや時間が必要となる。これら複数主体の交渉・調整をAIエージェント同士に担わせて、人が介在する必要がある部分のみが人が介入することで負荷を軽減する取り組みだ。

　この取り組みは、調達している企業と、サプライヤーの双方がAIエージェントを活用している状態である必要があるため、中長期でのユースケースではあるが、例えばウォルマートなど調達している最終企業で、サプライチェーンにおいて影響力を持つ「サプライチェーンオーナー」となる企業がAIエージェント導入を取引条件とするなどの動きがあった際には、一気に進みうる。

Case　サプライヤーとの自動交渉（ウォルマート）

　ウォルマートは、サプライヤーとの交渉に生成AIを活用している。このソフトウェアに予算やニーズを伝えると、過去の傾向や競合他社の見積額、商品原価の変動データなどをもとに、最適な購買金額をウォルマート社のバイヤーに提示し交渉を実施する。スタッフだけでは数週間から数ヵ月かかっていた仕入先との交渉を数日に短縮できている。図2-55が、ウォルマートが活用したパクタム社のAIによるサプライヤーとの自動交渉の様子だ。

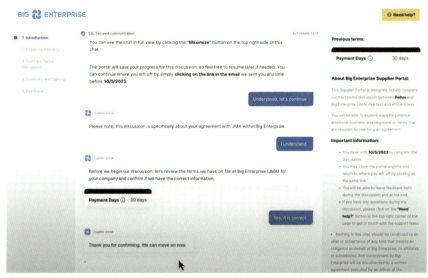

図2-55　Pactum AIによるサプライヤーとの自動交渉　　（出所：パクタム社）
https://www.youtube.com/watch?v=RIhKa24GK5U

Case　AIエージェント同士の交渉（NEC）

　さらに今後はAIエージェント同士のコミュニケーションや連携も期待されている。自動運転車が普及した世界での交差点で車の進行方向に各方向から進入した際の対応や、異なる利害関係をもった企業の交渉など複数のAIの交渉が論点となる。
　NECはサプライチェーンにおける調達企業とサプライヤーの価格交渉などAI同

士の交渉を行う「自動交渉AI」を開発している。企業の受発注においてのコストや納期のバランスを見ながらお互いにとってメリットのある形で交渉する姿を目指す。無理をして納期に間に合わせるのか、1日納期を引き延ばすかわりに若干値引きをするのかなど、あらゆる可能性を踏まえて交渉を実施するのだ。

すでに電子部品の調達業務においては発注数量や納期変更が生じた際の取引先との交渉に有効性を確認している。さらに自動車サプライチェーンにおける自動交渉にも取り組んでいる。

顧客からディーラーに対して車種や納期などの希望が発生した場合、それに応えられる最短納期やメーカーの選定、購入価格を調整する。ディーラー側のAIとカーメーカーのAI、さらにはバッテリーメーカーやエンジンメーカー、シートメーカーなど幅広いサプライヤーの各AIが自動で交渉するという仕組で、相見積もとることもできる。

通常、必要な部品を希望納期に間に合わせるように調達交渉するとなれば、1週間はかかるほどの煩雑な仕事となるが、自動交渉AIであれば数十秒で実現できるようになり、顧客からの問い合わせにも、スピーディに答えることができるようになるという。その他、下記等の物流や調達の用途において複数AI交渉の活用がなされている。

同社は複数AIエージェントのメッセージ交換に関する標準化にも積極的に関与している。生成AIは新たな構造変化を生む中で、新たな標準化をリードしていくことも重要な戦略だ。

複数AI交渉のユースケース例

- バラバラの配送システムを持つ運送会社間でAI同士の交渉により運送の相乗りや、配送ルート最適化や共同配送でのトラック台数削減によるCO_2排出削減
- 航空輸送において輸送日直前まで需要予測をしながら逐次価格を自動交渉して設定し利益の最大化を図るダイナミックプライシング
- 医薬品配送や漁場害獣監視のそれぞれの目的の異なるドローンのAI自動交渉による飛行計画・経路調整

第3章

生成AI活用3.0
(ビジネスモデル変化／顧客・環境価値向上)
における活用事例

　続いて生成AI活用3.0（ビジネスモデル変化／顧客・環境価値向上）について下記の切り口で事例について触れたい。

❶ 自社ノウハウの外販（生成AI活用サービス）による新規ビジネスモデル
❷ 既存ITサービスの生成AI組み込みでの顧客価値強化、
❸ 生成AI活用を通じた環境・社会価値創出の効率的対応

section 1

自社ノウハウの外販による新規ビジネスモデル

この章では、図1-22で紹介した範囲のうち、図3-1の範囲を取り扱って紹介する。

	既存のモデル活用←	→RAG / ファインチューニング（自社 / 産業データ投入）	
	生成AI単独活用	生成DX戦略（生成AIを組み込んだDX戦略）	
	生成AI活用1.0	生成AI活用2.0	生成AI活用3.0
	生成AI単独活用での効率化	自社・産業データと生成AIを組み合わせたオペレーション変革	生成AI活用によるビジネスモデル強化、顧客・社会価値創出
	・文章の構成・たたき台作成 ・要約・まとめ・分類 ・アイデアブレスト・壁打ち ・調査・リサーチ ・言語翻訳・校閲 ・プログラミング・制御コード生成 ・画像、動画生成	・現場ノウハウ体系化・引き出し ・顧客・従業員のパーソナライズ対応・体験 ・複数組織・拠点管理の半自動化 ・Generative Designによる設計自動化 ・素材探索・創薬の自動化・用途探索 ・フレキシブル機器・ロボット制御 ・業務プロセスのAIエージェント化 ・交渉・企業間コミュニケーション自動化	・自社ノウハウの外販（生成AI活用サービス）による新規ビジネスモデル ・既存ITサービスの生成AI組み込みでの顧客価値強化 ・環境・社会価値創出の効率的対応

図3-1　産業における生成AI活用の3ステップと生成DX戦略

自社の強みを他社外販

まず、自社内活用に留まらず生成AIサービスを他社外販することでビジネスモデルを変化させる方向性を見ていきたい。すでに述べた通り日本企業は現場のオペレーションに強みを持っているものの、それがデータ化されていないことや、体系化されていないことが課題であった。

生成AIを通じてこれらの暗黙知を学習・参照させて自社内で引き出し活用できるようになる。同時にそのノウハウを他社が活用できる形で提供することで、モノ売りの企業が自社の強みをソリューション化してビジネスモデ

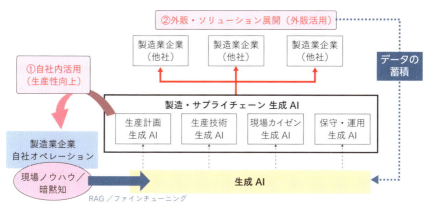

図3-2　生成AI活用3.0による生成AI外販ソリューション展開の一例

ルを変えることに繋がりうるのだ（図3-2）。

　例えば製造業であれば、サプライチェーンの計画や、生産計画、ライン設計、保守運用、カイゼンノウハウなどを外販していく可能性を有する。自社の製造現場のカイゼンノウハウを生成AI活用で外販に取り組む旭鉄工の事例を見てみよう。

Case　カイゼンGAI：製造現場でのカイゼンノウハウの外販検討（旭鉄工）

　旭鉄工は自社で培った現場改善やサステナビリティ対応のノウハウを生成AIにRAGで参照させてソリューション化し、社内活用するとともに、他社製造業への外販も視野に入れる。

　同社は強みである自社のカイゼンノウハウを社内で共有し、横展開していくための「横展リスト」を整備している。ノウハウが属人化してしまうと、組織で活用されず競争力に繋がらないからだ。

　横展リストは停止の削減、サイクルタイム短縮、最近では電力およびガスの消費量低減についての旭鉄工のカイゼンノウハウが詰まった事例集で、製造ライン、設備、改善内容、効果などがリスト化され社内で共有されている。横展リストのアイテム数も多くなってきている中で、検索性や利便性を向上させるために活用しているのが生成AIだ。

　その生成AI「カイゼンGAI」は現場の課題に基づき質問を投げかけることで、こ

図3-3　旭鉄工によるカイゼンGAI　　　　　　　　　　（出所：旭鉄工）

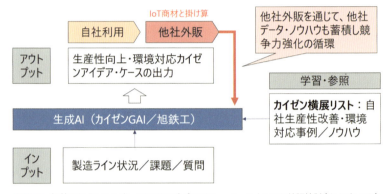

図3-4　旭鉄工によるカイゼンノウハウの生成AIソリューションとしての外販検討（カイゼンGAI）

（出所：旭鉄工）

の横展リストを生成AIにRAGで参照させてカイゼンノウハウを引き出す（図3-3）。

同社はこれらを自社で活用するだけでなく、カイゼンGAIという形で、他の製造業に対して外販提供を視野に入れる。自動車部品メーカーである同社は、すでに自社のものづくりとともに、IoTの仕組みを外販し他社のDXを支援するi Smart Technologies社を展開している。そのIoTのビジネスにカイゼンノウハウの外販を掛け合わせたものがカイゼンGAIだ（図3-4）。

自社のノウハウを体系化し生成AIソリューションとして展開することにより、利用企業のデータやノウハウも蓄積しさらにノウハウや競争力が強化される循環を生み出す。

日本企業はこうした現場ノウハウに強みを持っているが、暗黙知となっているケースが多い。旭鉄工のノウハウを形式知化し、生成AI活用で外販し新たなビジネスモデルに踏み込む動きは、現場オペレーションに強みを持つ日本の様々な産業においてロールモデルとなるだろう。

Case 自社の校正ノウハウ・データをもとにAI外販化：Typoless（朝日新聞社）

新聞社としてのビジネスモデルを転換させている朝日新聞社の事例も見てみよう。

同社は新聞社としての校正のノウハウ・オペレーションをAI化し、自社活用するとともに他社に対して外販を行っている。

自社の記事作成の過程で得られた修正履歴をもとにTransformerモデル（大規模言語モデルの土台にもなっている深層学習のアプローチ）を学習。このモデルを組み込み、文章校正AI「Typoless（タイポレス）」としてサービスを一般公開している（利用は有償）（図3-5）。

既存のLLMでも文章校正は可能ではあるものの、出力のたびに結果が異なるなど安定性や正確性に課題がある。正確性が求められるセンシティブな業務における校正や、大規模な文章の校正においてはTypoless活用の価値がより大きいと見る。

出版社やWebメディア、企業広報のプレスリリースやオウンドメディア、研究者の論文、議員の発表資料、建設業の報告書など幅広く活用が進む。

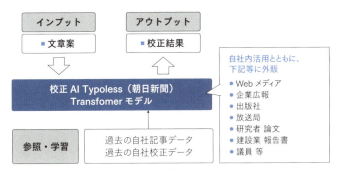

図3-5　朝日新聞の校正AI外販 Typoless

自社データをビジネスモデル変化に活かす

　生成AIを活用したオペレーションやビジネスモデルを展開する上では、学習や参照させるデータの質と量が重要となり、これが差別化要素となるのだ。いかに競争力のある現場ノウハウや、独自データを有するかが鍵となる。自社の独自データをもとに生成AI活用で大きくオペレーションのあり方やビジネスモデルを転換させているプラグの事例を見てみよう。

Case　AI企業へのビジネスモデル転換(プラグ)

　パッケージデザインに強みを持つプラグは、生成AI時代を契機に自社が蓄積していたデータをもとに、大きくオペレーションや事業のビジネスモデルを変化させている。

　様々な顧客のパッケージデザインを支援してきた実績や、日本市場でのパッケージの特性についての知見を蓄積するとともに、よりよいパッケージデザインを探

図3-6　プラグによる生成AIを活用した伊藤園お〜いお茶 カテキン緑茶のパッケージデザイン

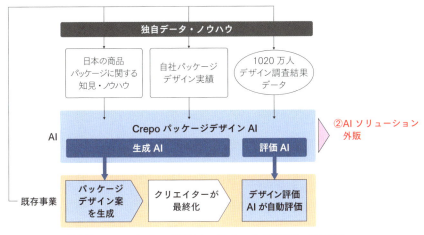

図3-7　プラグの独自ノウハウ・データを活用した生成AIでのビジネス変化

索するために1020万人分のパッケージデザインに関する消費者調査を実施してきた。

　これらのデータやノウハウをもとに、日本市場に適したパッケージデザインを生成する独自のパッケージデザイン生成AIと、東京大学と共同研究しデザインの評価が出来る『Crepoパッケージデザイン AI』を開発。伊藤園の「お〜いお茶 カテキン緑茶」向けの取り組みにおいてはお茶のパッケージデザインを生成AI活用でたたき台を作成。そこから得られた視点や切り口をもとに、デザイナーが最終化する形でパッケージデザイン制作を行っている（図3-6）。

　これにより従来のデザイン開発では、デザイン制作＋消費者調査で6か月程かかっていた期間を2〜3か月に短縮。初月の売上についても生成AIと組み合わせたパッケージにより前年比1.6倍の成果が出ている。

　その他、マンダムの冷肌ミストのパッケージデザインを従来3か月かかるところを生成AI活用で1ヵ月半に短縮している。また、AIがデザインの評価を実施するデザイン評価AIはマルハニチロ、ユニリーバ・ジャパン、森永乳業、カルビー、ネスレ日本、味の素、大王製紙、日清製粉ウェルナ、ライオンなど様々な企業が導入している他、タイ・中国・インドネシアなど海外でも展開を行っている。

　プラグはさらにこれらのノウハウをソフトウェア化し、パッケージデザインの生成AIの外販も行う。本業としてのデザイン会社としてとともに、デザインノウハウや自社独自データをもとにしたAI企業へとビジネスモデルも変化しているのだ（図3-7）。

先に仕掛けた企業にユーザーとデータが集まる

　生成AIを用いたソリューション外販においては、先んじて構築し提供を行った企業がよりユーザーを集め、データが蓄積し、より競争力が高まるといった循環を構築するサイクルとなる。幅広い産業において、いかに<u>生成AI時代における業界構造の変化を先んじて捉えて、自社から挑戦を行っていくのか</u>が問われていく。

「パンドラの箱」を自社が開けるか、他社に開けられるか？

　自社のコアノウハウを他社に対して提供することに対して日本企業、特に製造業等では躊躇も想定される。しかし、本書でも触れた例に限らず、すでにノウハウのある企業が他社に対してソリューションを提供し、さらにそのユーザーのデータを蓄積して競争力を強化し、ユーザー・データを囲い込んでいく「**戦い方の構造転換**」は、すでに始まっている。

　ある種の「パンドラの箱」であるが、誰かが開けた瞬間にゲームのルールが変わる。ITディスラプターや中国企業など誰かが開けて追従となるのか、旭鉄工のように自社から開けにいきマーケットリーダーを目指すのか、意思決定が問われる部分だ。

section 2

既存ITサービスの生成AI組み込みでの付加価値強化

全てのITサービスにおいて生成AI組み込みが必須となる

　生成AI登場初期においては、言語モデルやチャットサービス展開など生成AI活用「自体」を提供するスタートアップの動きが目立ったが、今後それらとともにより増えてくるのが、<u>自社のITサービスに生成AIを組み込む企業</u>の展開だ。

　先述のウォルマートやロレアルのように、ユーザーの抽象的・曖昧なニーズや会話内容をもとに提案をすることや、ユーザーの購買やサービスを通じて行動変化の検討を支援していくことで、顧客価値を向上させていく姿が想定される。

　言語モデル提供企業はAPI[※1]を公開しており、自社サービスとAPI連携することで、生成AIを組み込んだサービスの開発が可能となっている。生成AIの組み込みは今後差別化要素ではなく、当たり前の世界へと変化することが想定される。いかに早く開発・展開を行い、その中で検証してノウハウを蓄積し、価値の検討・変化を行っていくかが鍵となる。

生成AIサービスと自社コアデータの掛け合わせ

　それでは、自社のコアとなるデータと、生成AIの機能を掛け合わせて顧客価値を増大させている事例としてベネッセの取り組みを見てみよう。

※1：API（Application Programming Interface）：異なるソフトウェアやアプリケーション間で機能を共有するための仕組み

> **Case** 自社独自データセットをもとにした生成AI顧客サービス展開（ベネッセ）

　ベネッセは自社の独自データセットをもとにした生成AIの顧客サービスに踏み込んだ展開を行っている。生成AI活用は社内利用にとどまり、顧客提供までは手を広げられない企業が多い中で、ベネッセは下記をはじめとする顧客向けの取り組みを積極的に展開している。

❖ ベネッセの顧客向け生成AI

- 自由研究お助けAI：小学生の関心に合わせた自由研究のテーマを会話の中で提案
- チャレンジAI学習コーチ：学習や学校の宿題に取り組む中で出てきたわからないことを、いつでもわかるまで質問でき、即時に疑問を解決するサービス。学習データの分析や蓄積してきた指導コンテンツをもとに回答
- AIしまじろう：生成AIを活用した幼児型会話サービス。しまじろうというキャラクターとの英語を含む「おしゃべり」「あそび」を通じて言語能力の成長や、関心・感情の動きを支援

　特に子供向けに生成AIを提供することは業界でも前例が少なく、保護者の子供の生成AI使用への不安も存在しハードルが高い。しかし、同社としては業界のフロントランナーとして「子供に対する安心安全な生成AIのあり方を提示する必要がある」と先陣を切ってとり組んでいる。

　子供向けの教育生成AIで重視している点は、問題の答えを直接教えるのではなく、子供たちの疑問に寄り添い、AIキャラクターと対話をしながら、「考える力」や視点を広げるサポートすることだ。そのため、自ら考えて、答えにたどり着けるようにプロンプトを制御している。あくまで生成AIはサポート役だ。そのアプローチが子供に生成AIを活用させることへの不安を持っていた保護者や社会の共感を得た（図3-8）。

　展開にあたってこだわっている点は、自社の独自データが活きるサービスとなっているかどうかだ。同社のデジタル化の取り組みは、非IT企業としてのITディスラプター[※2]への対抗の歴史である。常に事業をアップデートし、新たなビジネスモデルを生み出す必要性があると捉える。

※2：ITディスラプター：デジタルテクノロジーを活用することにより、既存の業界の構造やビジネスモデルを創造的に破壊し転換するプレイヤー

図3-8　こども向け生成AIサービス（出所：ベネッセより筆者調整）

生成AIは子供をはじめとした教育のあり方を大きく変える。ここに自社独自で蓄積してきたデータや知見を掛け合わせることで、他社では真似できない次世代の競争力を生んでいく計画だ。

生成AIで自社サービスの利便性向上

　生成AIの活用を通じて、既存のサービスでは複雑だったり、手間がかかったりしている部分を解消し、ユーザーの行動を支援することが重要となってくる。フリマアプリにおける出品や、旅行での計画策定の場面のような、曖昧・抽象的なニーズから顧客の求めていると思われる商品・サービスを提案するといったものだ。

　次に紹介するライフルの取り組みの他、自社サービスの利便性向上を図るアプローチとしては下記の取り組み等が生まれている。多くの企業にとって応用の可能性がある方向性だ。

- 食べログ：ChatGPTとAPI連携させた「食べログAIチャット」を展開。「新宿で6000円以下」、「会社役員の3名の接待をしたい」などのように、場所や予算、人数、雰囲気などを入力すると、条件にあったレストランを提案してくれる
- メルカリ：利用者個別のAIアシスタント機能「メルカリAIアシスト」を提供。例えば、出品済みの商品情報のうち一定期間売れ残っている出品をAIが分析し、商品

がより売れやすくなるよう出品者に勝因説明などの改善提案を行う
- Yahooフリマ：フリマでユーザーが出品する際に、商品情報・カテゴリから出品した際に説明する文章を自動生成しユーザー支援（説明文の生成速度が5倍に向上）
- JR東日本：Travelコンシェルジュにより複数言語で移動に関する疑問への対応、観光地提案、旅程・スケジュールを提案しインバウンドを中心とした旅行者を支援、複雑な駅における案内支援

Case 顧客価値を向上させるAI利用（LIFULL）

ライフルは自社業務とともに、顧客向けのサービスに対しても生成AIを積極的に活用していることが特徴だ。不動産・住宅情報サービスの「LIFULL HOME'S」を運営するライフルは生成AIの活用により半年間で2万時間以上の業務時間削減を創出している。図3-9がライフルにおける生成AIの活用シーンだ。

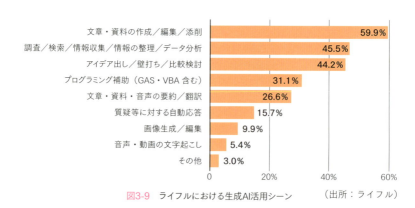

図3-9　ライフルにおける生成AI活用シーン　　（出所：ライフル）

生成AIを用いた「住宅弱者」に対する不動産探しサポート

同社としてよりインパクトが大きいと捉えているのは生成AIを通じた顧客価値の向上だ。専門組織の「ジェネレーティブAIプロダクト開発室（当時）」を立ち上げ、生成AIによる顧客価値創出にスピード感をもって取り組んでいる。今まで住宅を探す際には、物件の要件を明確化しその条件に沿って探す必要があり、要件が明確になっていないユーザーの住宅探しは課題となっていた。

ライフルは、高齢者や外国人などの住宅探しに困難を抱える「住宅弱者」の、物件探しを支援する生成AIサービスを不動産会社向けに展開する（図3-10）。従来不

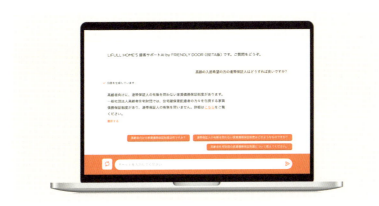

図3-10　住宅弱者向け接客サポートAI　　　　（出所：ライフル）

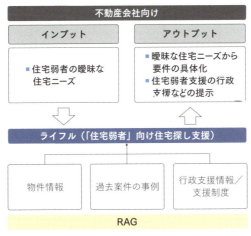

図3-11　「住宅弱者」向け住宅探し支援

動産会社は高齢者や外国人の入居希望者に対しては、行政支援・制度などを含めた丁寧なサポートが必要であった。

　どんな物件に住みたいか明確になっていないことが多いユーザーの漠然とした希望を、生成AIとの会話の中で具体化しユーザーの意図に沿った検索軸で適切な物件を提案し、不動産会社の円滑な接客を支援する。これにより潜在的なニーズの発掘を図るのだ（図3-11）。

📌 他社と連携した生成AIサービス共同開発

　ライフルは自社での活用のみならず、他社と連携した共同での生成AIのソリューションも行っている。不動産売買仲介等を行う野村不動産ソリューションズと、不動産取引を検討する顧客一人ひとりの疑問を解消するAI相談サービス「AI ANSWER Plus（ベータ版）」を共同開発（2024年7月30日より、「ノムコムAIアドバイザー」として正式版リリース）。

　住み替えを希望しているユーザーの漠然とした希望を、生成AI技術で適切な検索条件に変換し、ユーザーの意図に沿った検索軸で、不動産情報サイト「ノムコム」に掲載されている物件の中から適切な物件を提案するとともに、漠然とした疑問に対して、「ノムコム」内にある複数のコンテンツやデータを参照し、ピンポイントの回答を生成することでユーザーの疑問解決をサポートする（図3-12）。

図3-12　ノムコムAIアドバイザー

（出所：LIFULL・野村不動産）

■ オープンデータも価値に変えていく

生成AI時代においては、政府や自治体から2次利用が可能なルールで公開されているオープンデータの活用も有効となる。ライフルは、国土交通省から公開となった不動産情報ライブラリとAPIを活用し、生成AIで検討している住宅に有用な情報を引き出す取り組みを行っている。

従来はオープンデータの量や種類が膨大であるとともに、人口統計などデータ単体での価値創出が難しかった中で十分に活用されていなかった。これが、生成AIでデータの整理や、適したデータの抽出がしやすくなる中で、自社サービスとオープンデータを掛け算するなどの活用の余地が広がると見る。

例えば、人口統計と土地の価格を紐づけて当該地域の価格想定を行うことや、自治体のハザードマップのデータを活用して物件候補の水害リスク等を可視化すること等でオープンデータを生成AI活用で顧客価値へ変えている。

■ 生成AI時代のデータコンソーシアム型連携

加えて、同社は生成AI×データを軸に今後も暮らしや住宅などの関連する領域における他社連携を拡げていくことを視野に入れている。ライフルは生成AI時代においてデータが核となる中で、自社のデータ範囲を拡張していくことが鍵と見ており、不動産、引っ越しなど企業自社のバリューチェーンの前後工程や、周辺領域を担う企業とのデータの連携を通じて生成AIサービスを構築する「データコンソーシアム型」の連携も重要になってくると考える（図3-13）。

こうした企業ごとに点在しているデータを横に繋いでいくこと、また自社データの整備を行っていくことで、顧客にとって「暮らし・住宅」などの総合的なサポートになる生成AIサービス構築に繋がると考えている。

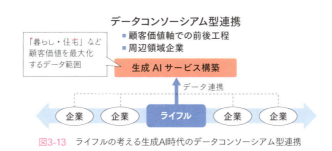

図3-13　ライフルの考える生成AI時代のデータコンソーシアム型連携

製品のサービス化×生成AI

また、モノづくり企業で製品IoTデータ等をもとにコト売り[※3]やデジタルサービスの展開を検討している企業も多い。今までは、非IT企業としてのシステム開発リソースの不足や、大量のデータの分析、コト売りとしての顧客価値の検討に苦心をしているケースが多かった。

しかし、生成AIによりこれらを効率的に実施することや、他社とのデータ連携を通じて新たな付加価値を創出ことにも繋がり、製造業のコト売り検討のあり方が大きく変わりうる。製品IoTデータをもとにしたサービス開発を図る住友ゴムは生成AIをコト売りにどうつなげようとしているのか見てみよう。

Case ものづくり企業のソリューション展開の加速化(住友ゴム)

住友ゴムは生産技術における暗黙知の引き出しや、熟練者が入力していた機器の制御パラメーター値をAI活用で半自動化すること、さらには先述のシステム開発等、幅広く生成AI活用を進めている。それだけでなく、同社として製品データにもとづく新規サービス開発においても、生成AIが活用できると捉える。

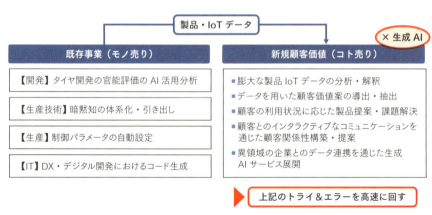

図3-14 住友ゴムにおける生成AIを活用したモノ売りと、コト売りの変化

※3：コト売り：製造業がハードウェアや機器などのモノだけではなく、それらを通じたサービスや課題解決、体験等を売るビジネス

ここから生成AIを活用することによって、膨大なデータの中で分析しきれていなかった傾向・ニーズの導出をはじめとする製品提案・課題解決に繋がると捉えている。得られたデータから顧客に対してどのような価値・用途を創出できるのかといった分析や仮説構築、顧客とのインタラクティブなコミュニケーションや、取得データを用いた顧客の利用状況に応じた対応も行える（図3-14）。

　加えて自治体や、レジャー・観光企業、イベント企業、駐車場・道路企業などの異業種とのデータ連携も生成AIのサービス開発に繋がる。データを活用した顧客価値創出においても、従来のように時間をかけた検討ではなく、トライアンドエラーを高速に行うことでソリューション開発に活かす。

　今後自動化とAI活用によりモノづくりは均質化がさらに進む中で、顧客との接点や価値提供のコトづくりが重要となると捉える。その中で生成AIの活用は製造業企業や、製品データ活用を検討する企業として必須になってくる。

section 3 環境・社会価値創出の効率的対応

サステナビリティ×生成AIの方向性

現在、企業活動において脱炭素など環境対応が必須となっている。産業コンセプトとしても、従来のデジタル化を通じた効率性向上・競争力強化を目指すインダストリー4.0から、欧州委員会から提示されている**インダストリー5.0**や、ドイツから提示されている**Vision2030**など変化が見られる。

それら新たな産業コンセプトの共通項として重要なのがサステナビリティだ。Appleなど大企業はサプライヤーに対して再生エネルギー活用など環境対応を必須化するなど、今後企業は自社の競争力の強化とともに、環境・社会との共生が生き残る上でも必須要件になってくる。

環境・社会対応については従来のオペレーションの複雑化や人手不足が進む中、さらに加えて対応が求められており、リソースや工数が負担となっていたが、生成AIの活用により下記等の方向性が生まれてきている。

- **Generative Designによる環境対応強化**
  Generative Designによる軽量化で素材使用量の削減、リサイクル材を混合した材料による設計デザインへの変換等
- **CO_2削減・ESGの取り組みのレポーティング・アクションプラン生成**
  CO_2排出量・削減状況やESGの取り組み等の自社の状況(目標と実績との差等)の分析や、今後のアクションプランを生成
- **機器制御を通じたエネルギー削減**
  商業ビルの空調・暖房・換気システムにおける生成AIの制御コード生成により、排出量とエネルギー消費量を削減する運用を実施しエネルギー・CO_2排出を最小化
- **メンテナンスにおける製品寿命・部品循環最適化**
  製品メンテナンスにおいて製品寿命を最大化する使用方法や、メンテナンスの提示による長寿命化や、回収部品の循環方法提示によるサーキュラーエコノミー実現

機器制御を通じた使用電力・エネルギー削減

Case 生成AIを用いたビル空調制御(三菱電機)

　三菱電機は従業員12万人向けの生成AI基盤を展開し、ソフトウェア開発で生成AIを活用する他、「事業・ものづくり・業務」の3領域での生成AI活用を進めている。同社の強みである建物管理や製造業向けの制御技術・機器と、生成AIとの掛け合わせによるソリューション開発が鍵とみる。

　建物管理においては、IoT企業ソラコムと、AIソリューション開発を行う松尾研究所と連携して、生成AIを活用した建物における空調機器制御の検討を行い48%の電力使用量の削減を実現している。

　当該取り組みでは、センサーから取得したオフィス内外の環境データと、オフィス勤務者から得られた快適性に関するデータを用いて、生成AIが状況に応じた最適温度を予測し、電力使用量を抑えかつ快適性を維持できる空調制御を実現している(図3-15)。

　このユースケースは工場における機器制御における生産性向上とエネルギー使用量削減を両立したオペレーションの実現など、様々な業界での機器制御を通じたサステナビリティ対応の用途で適用が期待される。

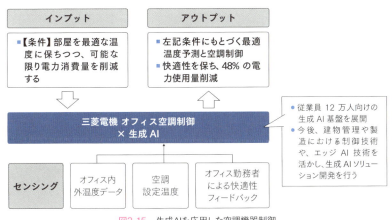

図3-15　生成AIを応用した空調機器制御

Generative Designによる環境対応設計への変更

新規の設計とともに、既存の設計の改良・ブラッシュアップや環境対応化も先述のGenerative Design（設計自動化）の活用が有効だ。

図3-16がダッソー・システムズ社の設計ツールの仕組みを活用した自転車の設計バーチャルツインだ。自然言語で軽量化を指示すると、既存の設計をベースにした上で軽量化された設計改良案が提示される。

今後設計においてサステナビリティが求められる中で、軽量化や、リサイクル資材の活用など環境負荷の高い設計への変化が求められ、こうした生成AIを活用したGenerative Designの活用の重要性はより増していく。

PLM企業のPTCによると「**製品の環境負荷の80%は製品設計で決定**」される。Generative Designによって環境負荷低減につながり得る項目としては以下の通りだ（図3-17）。

❖ Generative Designと環境負荷低減の関係性（出所：PTC）
- 軽量化設計、材料使用量の削減
- 製品に活用されている素材の再生可能素材への置き換え
- 製品回収時の分解可能性の向上
- CO_2排出の小さい調達品・部品の選択
- モジュール設計による再利用性・部品循環の向上

こうした細かい設計変更を通じた環境負荷の低減対応は相当な工数が必要

図3-16：音声認識＋生成AI活用による既存設計の改良（軽量化）のユースケース
（出所：筆者撮影（ダッソー・システムズ プレゼンテーションより））

図3-17　Generative Designを活用した環境対応

となる。人手不足の中、従来の方法では限界が生じる。これらをGenerative Designを活用することにより負荷を最小化して効率的に対応することが求められる。

サーキュラーエコノミー対応×生成AI

また、**サーキュラーエコノミー化**[※4]においても生成AIは有効な一手となる。先述の通りリサイクル材料を活用した設計案をGenerative Designで生成することとともに、回収段階の対応検討においても生成AIが有効だ。

使用済みの製品を回収した上では様々な製品の状態に応じて、素材を抽出してリサイクルに回す、最終製品や部品を分解し、修理や洗浄・再組立等を行って再利用・再出荷するなどの対応を行う。回収されてくる製品も様々であるとともに、状態に応じた対応も個別の判断が伴う。

その場合、製品の状態のセンシング結果や、製造時点や利用時点のデータをトレース・連携して対応（素材として循環させる、部品として循環させる等）の検討を行う。その際に、対応マニュアル等を学習・参照させた生成AIに、対応案のたたき台を提示させることは有効である。

加えて、これらの分解や再組立をロボット等に実施させる場合に、回収後の対応は個別に異なる中で、先述の形で事前にインテグレーションした動作を繰り返しさせるのではなく、都度の製品の状況や人の指示をもとに生成AIが制御コードを生成してフレキシブルに動作させる形が有効となる。

※4：サーキュラーエコノミー（循環経済）：大量生産・大量消費・大量廃棄が一方向に進むリニアエコノミー（線形経済）に代わって、近年ヨーロッパを中心に提唱されている新しい経済の仕組み。あらゆる段階で資源の効率的・循環的な利用を図りつつ、付加価値の最大化を目指す社会経済システムを意味する

第4章

さらなる生成AI活用論点

本章においては今後生成AIの進展の中で生まれてくる下記の論点について触れていきたい。

❶ 合成データと生成AI
❷ システムデータ連携と生成AI
❸ メタバース／デジタルツインと生成AI
❹ 生成AI時代の産業のビジネスモデル変化
　（デジタルビジネス、人工ビジネス、製造業、モビリティ等）
❺ 生成AI時代の組織の変化
❻ 人の役割・クリエイティビティの変化
❼ 社会システムと生成AI

section 1　合成データと生成AI

合成データとその価値

　合成データ（Synthetic Data）は「実在するデータと同じ構造・特徴で異なる値を持つ人工データ」を意味する。生成AIは多様なデータを学習している言語モデル（LLM）をもとに、テキストをはじめ新しいコンテンツを生成するアプローチである（図4-1）。合成データは、実在するデータをもとに同じ構造や特徴を持つ異なる値のデータを生成するアプローチであり、下記などのケースで価値が大きい。

①活用するデータの欠損や不足があり補う必要があるケース
②大量の学習データが必要となるケース
③活用するデータに個人情報や秘匿情報が含まれるケース

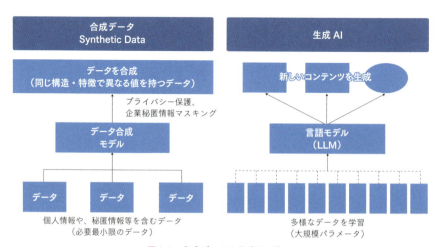

図4-1　合成データと生成AIの違い

AIシステムの高速学習 （ロボット・自動運転・ 検査システム）	● ロボット・自動運転車の学習環境データ合成を通じた高速学習
	● 品質管理・検査システムにおける NG データ合成を通じた高速での精度向上
秘匿・個人情報 データマスキングによる データ活用・流通	● 医療や小売・スマートシティにおける個人情報を秘匿したデータ活用・流通
	● 製造現場等の秘匿情報をマスキングしたデータ活用・流通
データフォーマット変換による データ活用促進	● データフォーマットの変換・調整を通じたデータ利活用促進
不足データ補完による アジャイルDX/PoC	● 中小企業など十分なデータを有しない企業や、新規領域や紙伝票などデータ化されていないことが多い領域におけるPoC実施、DX推進

図4-2　合成データの価値

　プライバシー保護の観点から、学習データの活用等において敵対的生成ネットワーク（Generative Adversarial Network：GAN）の技術等を用いて実在しない人の顔のデータを生成し活用するアプローチが話題となった[※1]が、その適用先があらゆる領域に広がってきているのだ。合成データの価値としては大きく4つの方向性が存在する。

方向性① ロボット学習効率化

Case 倉庫ロボットの3D学習データ合成（Amazon）

　ロボットの学習やインテグレーションにおいても合成データが大きく価値を出している。メタバース環境上で仮想的にロボットの動作環境を再現し、そこでロボットのトレーニングやインテグレーションを行う。

　障害物を検知して回避しながら搬送を行う自律搬送ロボットでは、さまざまなパターンの環境をトレーニングし動作を高度化させる必要がある。そうした際においても、合成データでロボットの学習環境を作り、その中でロボットを高速でトレーニングさせることが可能となる（図4-3）。例えば、アマゾンは倉庫内のロ

※1： "Progressive Growing of GANs for Improved Quality, Stability, and Variation"（高品質で安定性があり、バリエーションのある生成を実現するための漸進的なGANの成長）https://research.nvidia.com/publication/2018-04_progressive-growing-gans-improved-quality-stability-and-variation

図4-3　Amazon倉庫における合成データ×メタバースを活用したロボットトレーニング

(出所：NVIDIA)

ボットの学習データを用意するにあたり、エヌビディアの「合成データ活用のプラットフォーム」を活用しており、これがピッキングロボットや、自律搬送ロボット等の学習の高速化に繋がっている。

方向性② 自動運転学習効率化

Case 自動運転車・航空機自動航行開発（テスラ・ウェイモ・エアバスなど）

　自動運転車や航空機の自動航行システムの開発においても合成データが活用される。道路状況や、人の飛び出しなど様々な状況を想定して学習を実施する必要があるが、その環境を全て人間が構築すると負荷がかかる。

　これらを合成データで効率化することで学習を効率化している。テスラやウェイモが自動運転車の開発に、エアバスが航空機の自動航行に合成データを活用している（図4-4）。

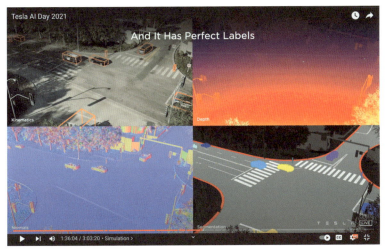

図4-4 合成データを用いた自動運転学習効率化 (出所:Tesla Youtube)
https://www.youtube.com/watch?v=j0z4FweCy4M

方向性③ 合成データを用いた検査システム開発効率化

　検査システムの開発においても合成データが活用される。検査システムにおいて課題となるのが、NGデータ(不良と判断するデータ)の学習だ。

　NGの可能性としては幅広く存在するため、全ての可能性の不良品を学習用に実際に発生させることは現実的でない。そこで、合成データで仮想的に幅広いNGを発生させて、そのデータを不良品データとして学習させて検査システムを開発するのだ。

　例えば米自動車企業のフォードが、組立・製造工程の欠陥検出のための検査システム開発に活用したり、ドライバーモニタリングシステム開発企業が居眠り検知システムのために合成データを活用したりしている。

方向性④ 医療等での個人情報データの連携・活用

　医療やスマートシティの取り組み等では活用するデータの中に、患者や住民の個人情報が含まれることも多い。そうした際にGDPR[※2]をはじめ個人情

※2:GDPR(General Data Protection Regulation):個人データ保護やその取り扱いについて詳細に定められたEU域内の各国に適用される法令

報の取り扱いに配慮した活用を行う上でも、データとしての特徴は維持した上で個人情報をマスキングし流通できる形に変換することが重要となる。

例えば、合成データを用いて個人情報をマスキングした上で、仮想の対象層のCOVID-19感染予測モデルの構築や、患者のプライバシーを保護した状態でのデータにもとづく特定症状の治療法の開発、仮想患者データを用いた保険の開発等が行われている。

上記の例は個人情報のマスキングをした上での活用であるが、同様に、製造業の稼働データをはじめ企業の秘匿情報についても同様にマスキングをしてデータ連携・活用を行う方向性が考えられる。

Case 東京大学での合成データ×データ連携の取り組み（東京大学 小塩准教授）

東京大学大学院 情報学環・学際情報学府 特任准教授の小塩篤史は、同大学において合成データを用いた産業間データ連携や、医療・物流でのユースケース創出に取り組む、日本における合成データの第一人者だ。

小塩氏は、現在、日本企業のデータ活用におけるボトルネックが合成データによって解決されると考えている。小塩氏が言う日本企業の「データ活用におけるボトルネック」とは何か。

例えば、教育・医療業界では、個人に紐づくデータは個人情報保護の観点からデータ利活用が進みにくい状況がある。また、製造業においては、企業・業界の

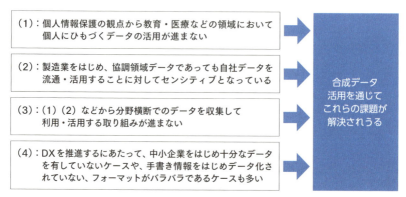

図4-5　日本のDX課題と合成データによる可能性

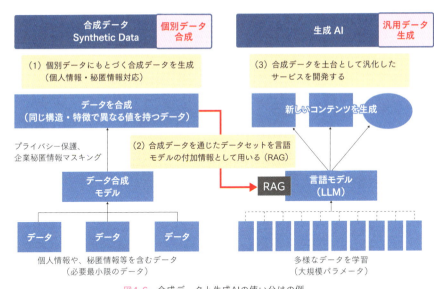

図4-6　合成データと生成AIの使い分けの例

枠組みを超えてデータを共有・活用する動きが出てきているが、社内データを他社と共有することに対して抵抗を感じる企業は多い。

　また、そもそも学習データを十分に持ち合わせていない企業もあるほか、紙で管理されている資料など、デジタルデータ化されていないものも多い。これらがデータ活用のボトルネックとなっているのだ。

　こうした課題を「合成データが解決する可能性を持っている」と小塩氏は指摘する（図4-5）。それでは、合成データをどのように使えば良いのだろうか。適切な取り扱いをする上で、合成データと生成AIの関係性を理解する必要があるだろう。

　生成AIと合成データは、データやコンテンツを生成するといった点で似た部分があるが、用途や目的が異なる。生成AIは大規模なパラメーターの学習結果に基づき汎用的なコンテンツ生成に適している。

　一方で、特定データに基づきデータを合成し補完することや、個人情報や秘匿情報に対応した形でデータを活用することは合成データのアプローチが適している（図4-6）。

　小塩氏は、「目的や用途に応じて組み合わせることが重要だと考えている。例えば、個人情報保護に対応した形で、個人の健康情報などに似せた合成データを生成した後、そのデータセットを生成AIに学習させて、患者に合った医療相談をしてくれるサービスを開発することもできる」と話す。

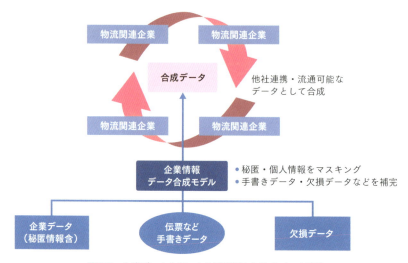

図4-7　合成データを用いた物流領域におけるデータ連携

取り組み：物流領域での合成データ×データ連携

　小塩氏が東京大学で進めるもう1つの取り組みが、合成データを用いた物流領域の企業データ連携だ。物流分野では2024年問題などを背景とした人手不足への対応や、生産性向上が課題となっている。物流プロセスには多様な事業者が関与するが、その中で共同物流・出荷など企業を超えた連携で効率性を上げていくことが課題となっている。

　しかし、手書きの伝票などデータ化されていない項目も多いほか、各社のデータ形式やパレット[※3]サイズなどがバラバラであることから連携が進まないのが現状だ。

　小塩氏は、「各事業者は自社のデータを他社と共有することに抵抗感を持つケースが多い。それは、自社の営業に関わる情報が含まれていることや、発注情報などに顧客データ・個人情報が含まれる可能性があるためだ」と語る。

　小塩氏は、これら課題に対し、合成データを活用したアプローチを取ることで、物流業界におけるデータ連携を進めることができると考えている（図4-7）。同氏はその他、膨大なパーソナルデータをデジタル化し、個人情報保護に配慮した形でデータセットを合成して疑似的な「人間のデジタルツイン（双子）」を作るという

※3：パレット：荷物を載せる時に使う荷役台のこと。貨物を保管・輸送するトラックやコンテナ、倉庫、工場などで使う

プロジェクトも進めている。今後、東京大学として幅広い業界で合成データの取り組みを進めていく計画だ。

❖ **物流領域での合成データを通じたデータ連携**
- 企業の秘匿情報をマスキングし他社連携できるデータ合成
- 伝票データなど個人情報が含む項目をデータ合成しマスキング
- バラバラのデータフォーマットを変換してデータ連携できる形へ合成
- 手書き伝票などでデータ化されていない、欠損している情報をデータ合成し補完

自社独自データの合成データを用いた拡張・事業化

合成データ活用は自社保有データをもとに、欠損データを合成し補完・拡張することで新たな事業展開や価値提供に繋がる。p.66の博報堂の「バーチャル生活者」の取り組みも合成データを効果的に活用している好例だ。下記では、自社データを先端的に合成データ活用で拡張し、新たな事業展開に繋げている例として花王の仮想人体生成モデルを見てみよう。

Case 仮想人体生成モデルの事例（花王）

花王は洗剤・シャンプーなどの消費財や、化粧品、ヘルスケアなど人の身体や健康・生活に関わる製品を展開してきている。その中で、行ってきた人の身体の研究の知見や、蓄積しているデータ・測定技術等と、合成データを掛け合わせ「仮想人体生成モデル」と呼ばれる新たなビジネス価値の創出を行っている（図4-8）。

同モデルは、健康診断などで得られる身体に関する項目や、ライフスタイル（食事、運動、睡眠など）や性格傾向、嗜好性、ストレス状態、月経などの日常生活において関心の高い項目まで、幅広く多種多様な1800項目以上を網羅的に備え、これらがどのようなパターンで現れるのかを示すことができる統計モデルだ。

「性別：男性」「年齢：40歳」など簡単なデータを入力すると、血液検査の値や内臓脂肪面積など別の項目を推定し代表値を出力することが可能だ。通常こうした数値を得るためにはコストや時間をかけて測定する必要がある。

例えば、内臓脂肪面積を測定するにはコンピューター断層撮影装置（CT）などによる検査が必要だ。一方で、仮想人体生成モデルを使うと、基礎的な条件を入力

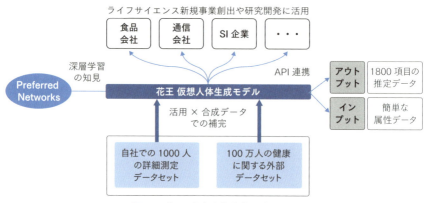

図4-8　花王の仮想人体生成モデル

するだけで統計学的に正しい推定数値を得ることができる。

　同社はPreferred Networksと連携し、① 自社で行った1800項目以上にもおよぶ1000名分の人測定データと、② データプロバイダーから入手した100万人分の健康診断結果等の匿名加工情報を組み合わせるとともに、欠損データも合成データのアプローチで推定して補完することにより仮想人体生成モデルを構築。APIを介して他社が利用して、サービス開発ができる形態などプラットフォーム展開を行っている。

　ヘルスケア事業を行うNTTドコモの健康サービスや、ヘアサロンメーカーのMILBONのサロン用接客アプリなど幅広い企業等に検討・活用されている。合成データのアプローチも組み合わせ、自社のデータやナレッジを新たな価値提供に繋げている好例だ。

データがなくてもDXを試すことができる

　合成データは今までの企業のDXのあり方を大きく変えることに繋がる。今まではデータが存在する／取れる領域からDXを始めるのが当然であった。そもそも自社にデータがなければ、活用はできないからだ。

　しかし、合成データによってデータを有していると同様の環境を作り出して、当該データを実際に蓄積した場合に何が実現可能かなどのPoC[※4]を事前

※4：PoC（Proof of Concept）：日本語では「概念実証」と訳される言葉。サービスや製品に用いられるアイデアや技術が実現可能かを確認する一連の検証作業を指す

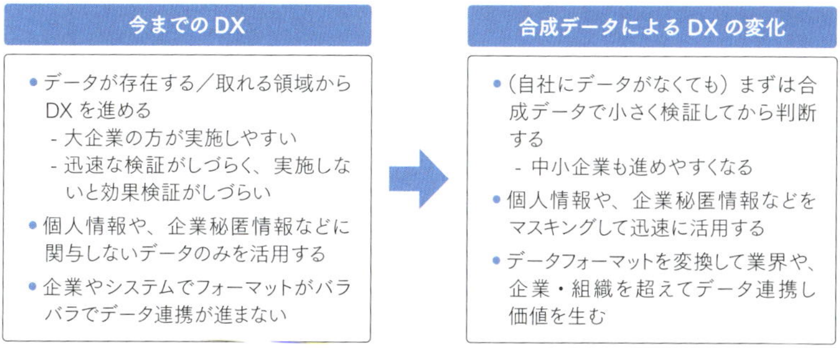

図4-9 合成データによるDXの変化

に行うことができるようになる。データの有無・環境が制約とならずに、目的ベースで実現したい取り組みの検討が可能となる。合成データを用いて小さくアジャイルに検証をした上で、リソースを投入して実施するか否かを意思決定できるのだ。

「(自社にデータはなくても)まずは合成データで小さく検証する」といったことが今後中小企業も含めて幅広い企業に可能となり、「DXの民主化」が進むのだ(図4-9)。

section 2

システム・データ連携と生成AI

続いて生成AIが業務システムや、データ連携とどのように関係性があるのかを見ていきたい。

業務システムと生成AIの融合

生成AIは従来の業務システムのあり方を変えていくことになる。今までシステム導入を行う上では、企業や用途に応じて個別のインテグレーションを実施する必要があった。こうしたインテグレーションやシステム開発が生成AIのコード生成により効率的になる。

加えて、業務システムに蓄積されている経営データなどは経営企画や財務部門等が、会議体に応じてデータを整備し資料を準備していたが、多くの工数がかかっていた。しかし例えば、ERP大手のSAPが自社ソフトウェアに生成AI「Joule」を組み込んだ展開を行うなど、業務システムへの生成AIが拡がっている。それにより自社の経営・会計データ等のデータを自然言語で指示をしてデータを整理するとともに、そのデータの分析結果や、改善策の提示を受けることができる。

従来業務システムはデータを蓄積する「場」であり、そのデータをどう整理し分析するかは、ユーザー企業側で整理・実施する必要があった。報告書とは違う切り口でデータを見てみたい場合にはデータ整備に時間がかかり、経営者としても多様な視点からの意思決定の制約となっていたのが従来だ。

しかし、事業状況や要望・用途に応じて、自然言語でフレキシブルにデータや分析結果を抽出することができるようになることで、意思決定のスピードは各段に増すこととなる。今後こうした業務システムには生成AI搭載が

当たり前となってくる。

また、それとともに、業務システムに蓄積しているデータを、用途に合わせてカスタマイズして整理して抽出することや、データフォーマット等を変換してシステム間で連携・活用しやすくすることの価値が大きい。生成AIと業務システムを連携し柔軟なデータ抽出や分析を図る日清食品グループの事例を見てみよう。

> **Case** システムと生成AIを連携させフレキシブルな
> データ抽出・分析（日清食品グループ）

① ERPデータの連携（在庫・売上等）

日清食品グループは業務システムのデータベースやレポートを生成AIにRAGとして参照させて、データをフレキシブルに引き出し、整理する取り組みを実施している（図4-10）。

例えばERPの商品情報データベースや売上レポートを参照させて、「現在のシーフドヌードルの在庫状況を教えて」、「本日の盛岡オフィスの売上を教えて」と指示しデータを柔軟に抽出し活用する。

図4-10　ERPと生成AIの連携

（出所：日清食品ホールディングス）

② 業務システムを横断した統合データベースと連携

また、各業務システムのデータを一元的に集約した全社統合データベースをAIが参照することで、同社グループのデータを誰よりも理解したAIエージェントとして、より多様・広範囲な回答生成を可能にする計画だ（図4-11）。

図4-11 　全社統合データベースとの連携

（出所：日清食品ホールディングス）

データ連携とは

　今までも一部触れているように現在企業を超えたデータ連携の議論が活発化している。特にサステナビリティの観点では、調達先も含めたサプライチェーン全体でのCO_2排出量可視化が求められ、企業を超えたデータ連携が必須となってきている。

　CO_2可視化にとどまらず、リサイクル対応や、災害等有事対応・トレーサビリティ、共同での生産・供給計画・製品開発、他社・異業種データ連携を通じたソリューション構築など、現在のビジネス課題・環境においては他社データ連携が今後の重要な論点だ。こうした中、本書においては技術等は詳しく触れないが、データ所有者と利用者をコネクターで直接つなぎデータ連携する姿が提示されている。

　欧州ではデータ所有者の権利（データ主権：Data Sovereignty）を保護したデータ連携の標準づくりを行うGAIA-Xや、自動車業界でのデータ連携を検討するCatena-X、その取り組みを製造業全体に拡げるManufacturing-X等の取り組みが活発に活動している。日本においてはデータ連携に必要となる標準コンポーネントやユースケース開発を行うDATA-EXや、経産省主導で業界ごとのデータ連携基盤（データスペース）を後方支援するウラノスエコシステムが取り組みを進める。

先述のDATA-EXを推進するデータ社会推進協議会（DSA）会長であり、東京大学大学院情報学環教授の越塚登氏にグローバルで企業を超えたデータ連携が鍵となる中で、生成AIとデータ連携はどのように融合し進化していくのかを聞いた。

Case データ連携と生成AIの融合と進化（東京大学 越塚登教授）

データ連携を行っていくにあたっての論点として越塚教授は

① 膨大なデータの検索性
② バラバラのデータフォーマット
③ 個別のデータ連携の合意・契約

をあげる。現在政府が提供しているオープンデータなどデータセットが整備されつつある他、今後企業間においても多様なデータのやり取りがなされるようになる中で、膨大なデータの中から適したデータをいかに特定するのかが課題となる。

こうしたデータの検索性の向上や、個別のフォーマット変換、今後膨大に発生するデータ連携にあたっての合意・契約にあたって生成AIが効率化することでデータ連携を後押しするのだ（図4-12）。

「LLMや生成AIソリューション開発など生成AIを進化させる上でデータ連携は密接な関係性がある」と越塚氏は語る。言語モデル開発にあたっては膨大なデータが必要となり個社では限界がある。

また、生成AIを活用したソリューション展開にあたってデータが鍵となる中で、

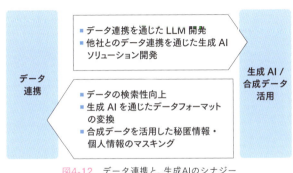

図4-12　データ連携と、生成AIのシナジー

今後本書で紹介したライフルの例（p.126）のより企業を超えたデータを活用した生成AIサービス開発等が重要となる。そうした際に、生成AIをより進化させていく上でもデータ連携の活用が必須となるのだ。

　産業用途ごとにデータやノウハウを連携させて、生成AIを進化させていくモデルが日本の一つの勝ち筋になると越塚氏は語る。「企業横断でデータを連携して構築するFederated LLM（企業横断での自律分散型での言語モデル構築）や、企業横断データを参照してソリューションを構築するFederated RAG（企業横断での自律分散型でのデータ参照を通じた生成AIサービス構築）展開がデータ連携と生成AIの融合の中で鍵となる」と捉える。

　今後、DATA-EXや東京大の取り組みの中でも「データ連携と生成AIの融合」を図り、グローバルでの提案・連携も図っていく考えだ。

section 3　メタバース／デジタルツイン×生成AIの融合

　第1章で触れた通り現実空間のデジタル上の双子を作り可視化やシミュレーションを行う**デジタルツイン**や、それをより拡張させた**産業メタバース**の取り組みが幅広い業界で進んでいる。言語や図面の解釈レベルなど熟練度の壁を超えての「共通言語」として3D設計データやセンシング・シミュレーションデータの活用が加速度的に進む（図4-13）。

　その上で、課題も生まれていた。3D作成やシミュレーションアルゴリズム検討にあたっての工数負荷や、関連する人材の不足等だ。こうした課題についても生成AIとの融合の中で、解決が図られてきている。作成段階、活用段階に分けてそれぞれ見ていきたい。

メタバース／デジタルツイン　作成段階
- Generative Design による 3D 製品・建物・都市データ生成
- AIを活用した3D環境・背景・人物の自動生成
- 衛星データをもとに生成AIで3Dモデルを生成
- カメラ・ドローン等センシング結果の点群画像も生成AIで解釈・意味付け

メタバース／デジタルツイン　活用段階
- 産業メタバース3D環境（可視化）と、生成AI（ノウハウ・過去資料引き出し）を組み合わせてオペレーション活用
- 産業メタバースにおけるNGデータを画像生成し学習し、検査システムとして活用する
- シミュレーションアルゴリズムの自動生成による効率的活用

図4-13　産業メタバース／デジタルツインと生成AIの融合

生成AIでメタバース・デジタルツインを効率的に「作る」

今までデジタルツインや、メタバースを構築する上で3Dモデルの生成には技術やリソースが必要であり制約となっていた。これが生成AIによって効率的に作成できるようになるとともに、<u>ノウハウのない人であっても作成できるようになり3Dモデル生成が「民主化」する</u>こととなる。

3Dモデルの生成効率化としては、先述した設計ソフトウェアにおけるGenerative Design（設計の自動生成）とともに、産業分野も含めて3D空間のインフラとなっているゲームエンジンのAI支援での3D空間作成などの動きが存在する。また、Midjourneyや、Stable Diffusion等の画像系の生成AIで生成した画像やキャラクター・人物（Non-Player Character等）に、Depth情報を付与して3D化して活用するアプローチなども生まれている。

今までは、デジタルツインや産業メタバースの活用において3Dの作成負荷が制約となっていたが、AI活用によりこれらが民主化し、様々な領域で3D活用がさらに進む可能性を有している。

Case 衛星データから都市3Dモデルの自動生成（スペースデータ社）

日本では国交省主導で2020年度から「3D都市モデルを活用したまちづくりのDX推進」を目的としてProject PLATEAU（プロジェクト・プラトー）が展開されている。3D都市モデルを用いて都市政策・都市開発の領域で課題解決や、新しい価値の創出を目指している。

現在では200都市以上が3D都市モデル化されているが、3D都市モデルの活用においては、構築する際や、一度構築したものを都市の変化に合わせて更新し続けていくための手間やリソースを、最小化することが重要な課題であった。また、現在提供されている3D都市モデルの多くは、解像度が低く、道路付帯設備や植栽等のデータも整備されていないため、そのままではコンシューマが没入できるクオリティには達していなかった。

Project PLATEAUはスペースデータ社と連携しこれらの課題解決に取り組んでいる。スペースデータ社は、衛星データと3DCG技術を活用してバーチャル空間

図4-15　スペースデータ社との3D都市モデル自動生成の実証実験

(出所：PLATEAU)

に現実そっくりの仮想世界を自動生成するAI技術を開発している。衛星写真等の画像データに加えて、3D都市モデル学習させた「高精度デジタルツインデータ自動生成AI」だ。

構築したデジタルツインデータについてはゲームやVRコンテンツ等のコンシューマ向けコンテンツとして利用可能にするため、データをオープンデータとして配布することで、多様な領域における都市デジタルツインの活用拡大を目指す（図4-15）。

Case　ゲームエンジン×生成AIでの3D空間の効率生成（Unity）

現在デジタルツイン、メタバースの活用においてはゲームエンジンの存在が重要だ。ゲームエンジンとは、従来はゲームの3D環境を構築するために活用されているツールだ。例えばポケモンGOではUnityが、フォートナイトではUnreal Engineが活用されている。

そのゲームエンジンが、ゲームの環境構築のみならず、産業のデジタルツインやメタバース構築にも活用されている。例えばロボットや自動運転のシミュレーションや、建設現場・製造現場・医療など様々な領域でもゲームエンジンが活用される。

図4-16　自然言語での3D環境の動作生成　　　　　　　　　（出所：Unity）

　今後のゲームエンジンを活用した3D空間活用の広がりに対応する上でも、Unity社はAIで3D空間生成を支援する。3D空間・環境のみならず、NPC（Non-Player Character）と呼ばれるキャラクターやその動作・セリフなど様々な対象を自然言語やスケッチ等で指示することで生成することができるのだ（図4-16）。

Case 生成AIを活用したメタバースの付加価値向上（NTTコノキュー / αU）

　現在、生活やコミュニケーションの場としてのメタバース空間としては、注目を集めている一方で利用ユーザー数としては十分ではなく、空間の賑わいを創出して、ユーザーの体験価値を高める上でもユーザー以外のプレイヤー（NPC）の存在が重要になる。

　産業用途とともに、コミュニケーション用途のメタバース展開も行っているNTTコノキューは、メタバース空間でNPCを自動生成する技術を活用している。同技術は「行動生成」「アニメーション生成」「外見生成」で構成されており、プログラミングやアルゴリズムの技術がなくても外見や行動、空間内での役割を備えたNPCを20分程度で生成できるのだ。

　このように生成AIを活用することで、メタバース空間の作成の効率化や、利用

図4-17　メタバースショッピングにおける生成AIを活用したAI店員による接客機能

（出所：αU）

価値を高めることでメタバース空間や、産業領域でのデジタルツイン活用を拡げていく提案が進んでいる。

また、同様に通信会社のKDDIが展開しているαUにおいてはメタバースにおける生成AI活用としては、ユーザーの動作に応じて3D空間やデジタルコンテンツを柔軟に変化させることや、試着等のショッピングやライブなどの個別体験の提供、メタバース環境上でのAIアバターによるコミュニケーション・接客対応などをあげる（図4-17）。

生成AIでメタバース・デジタルツインを効果的に「使う」

メタバース・デジタルツインの利用段階においても生成AIと組み合わせることによりその効果がより高まる。産業メタバース・デジタルツインの3Dによる視覚的・直感的にわかりやすく伝えシミュレーションする機能と、生成AIによる自然言語の知見・ノウハウの抽出は掛け算による相性がよい（図4-18）。

生成AIと掛け合わせてインフラ管理の産業メタバース展開に取り組む日立製作所と、産業メタバースで課題となっていたシミュレーションアルゴリズムの生成に取り組むAnsysの事例に触れたい。

図4-18 産業メタバースとデジタルツインの連携・シナジー

Case インフラメタバース×生成AI（日立製作所）

視覚の産業メタバースと、自然言語の生成AIの掛け算

インフラのメンテナンスにおいても生成（ジェネレーティブ）DXが進む。日立製作所は鉄道車両のメンテナンスにおいて3D設計データで可視化された鉄道車両のメタバース空間に、設計図や、メンテナンス事例等をプロットし視覚的にメンテナンスがしやすい環境「現場拡張メタバース」を整備。

その産業メタバース上に、生成AIとのコミュニケーションを通じて操作やメンテナンスのマニュアルや報告書等の情報を引き出してメンテナンス作業者を支援する仕組みを構築している。言語や各自の図面の読み解きノウハウなどによらず共通の土台として可視化ができる産業メタバースと、自然言語で指示をしながら情報を引き出すことができる生成AIは相性がよく、人手不足や、ベテランの退職の中で現場オペレーションを維持・向上させていく施策として有効となる。

路線を検査するシステムで不良データを生成し検査を効率化

鉄道路線の管理のためのメタバースの仕組みにおいては、検査の不良データ学習において生成AIを活用している。検査システムの開発においては様々な不良やトラブルのデータを学習させて不良を検出しなければならない。ただし、理論上発生し得る全ての不良を実際に発生させて、その画像を学習させることは現実的でない。

これらを実際の画像をもとに、画像系生成AIでさまざまなパターンの不良を発

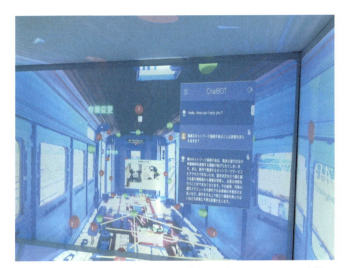

図4-19 鉄道車両の産業メタバース×生成AIを通じたメンテナンス支援
(出所：日立製作所)

生した形で生成させて、その生成した複数の不良画像を検査システムの学習に活用することで、精度の高い路線を検査するシステムを構築している（図4-19）。

Case シミュレーションアルゴリズムの自動生成（Ansys）

　デジタルツインのシミュレーションアルゴリズムもAIによる生成が進む。従来はデジタルツインをはじめシミュレーションを実施する上ではアルゴリズムの検討が課題となっていた。

　エンジニアリング領域の物理シミュレーションに強みを持つAnsysが展開するAnsys SimAI™に過去のシミュレーション結果を学習させると、アルゴリズムを自動生成し、効率的にシミュレーションを実行できる。物理的にテストをする時間を1/100ほどに大幅に削減するのだ（図4-20）。

　これらにより製品シミュレーションをはじめ、産業メタバース・デジタルツインの活用が効率化され、製品市場投入期間等の圧縮や人手不足が進む中での業務負荷低減に繋がる。

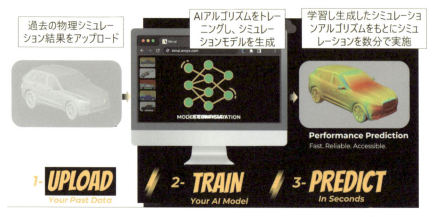

図4-20　過去シミュレーション結果からアルゴリズム生成するAnsys SimAI™

（出所：アンシス・ジャパン）

section 4

産業のビジネスモデルの変化一例

生成AIは産業のビジネスモデルあり方を大きく変えていくことになる。デジタルビジネス（メガITプレイヤー vs 個別領域プレイヤー）、人工ビジネス、製造業、モビリティの領域における変化を一例として取り上げる。

デジタルビジネスのポジショニングの変化

生成AIの進化はデジタルビジネスの戦い方も変化させ得る。今までは多くのリソースと投資を投入するメガプレイヤーは、規模の経済を追いかけてプラットフォームとして「型」を作って業界や企業を超えて展開できる「手離れのよい」共通領域を見極めてグローバルで効率的に拡大を行ってきていた。

ユーザーや顧客への個別のカスタマイズや寄り添いが必要となるニッチ領域は、メガプラットフォーマーとしては注力領域ではなく、業界や領域ごとの個別でのSaaS（ソフトウェア・アズ・ア・サービス：サービスとしてのソフトウェア）企業の展開余地が存在していた。いかに、メガプレイヤーが展開しえない自社独自のドメインで競争力を持つのかが鍵であったのだ。

しかし生成AIによってこうした構造も変化し得る。先述のコードの自動生成によりカスタマイズが効率化することや、生成AIに既存のデジタルサービスの画面をインプットすることで同様のシステムのコードを提案することなども可能となってきている。

こうした生成AIを用いたシステム開発の効率化・変化により、メガプレイヤーがカスタマイズ対応を避けて展開してこなかった個別領域にまで展開を行ってくることも想定される。従来よりも広範囲にメガIT企業のディスラ

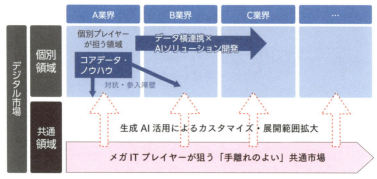

図4-21　生成AIでのデジタル市場におけるプレイヤー構造の変化

プションが想定される中で、個別業界や個別領域で展開してきているプレイヤーとしてはさらなる価値を追い求める必要がある（図4-21）。すなわち、今まで以上に業界・領域のドメインのデータ・ノウハウなどや独自の付加価値を尖らせていくことや、顧客の価値が最大化される他企業とのデータ連携等によるソリューション開発で価値の範囲を拡大して、異分野やメガプレイヤーのプレイヤーが出せない価値を突き詰めていく必要がある。

また、業界や領域個別のプレイヤーとしての戦い方としては下記等が重要となる。

❖ **今後の強みの源泉 一例**
- 生成AIが作るたたき台としてのアウトプットの精度を引き上げるノウハウ
- 業界独自のデータや現場・オペレーションノウハウ
- 顧客の価値創出に繋がる周辺領域のデータの横連携
- 物理世界での顧客・パートナー等のエコシステム
- デジタルソリューションに掛け算するハードウェアやサービス

人工ビジネスの変化

今後生成AIによるオペレーションの変化は様々な業界で構造変化をもたらす。例えば、システムの導入を行うSI（システムインテグレーション）業

界、コンサルティング業界、コンタクトセンターなどの従来では人の工数×単価で顧客に提案・課金をしている「**人工ビジネス**」と呼ばれるビジネスは大きく変わらざるを得なくなる。

　生成AI活用により、効率性があがることにより必要人数が減少する。それにより提案金額に含める人工が下がるため既存のオペレーションやビジネスのありかたのまま導入を進めてしまうと売上や収益を減らしかねない。

　そうした中で、工数ベース・人工ベースの価値提供から、成果報酬や、オペレーションのトランザクション課金、顧客のオペレーションやビジネスモデルの変化などの価値提供を課金原資にするなどアプローチの変化が求められている。

　システムインテグレーターとしては先述のNTTデータが、AIエージェント型の業務変化を先回りしユーザー企業と共同での価値創出の取り組みを進める。デザイン会社のプラグは生成AIを組み込んだオペレーションへと変化するとともに、ソフトウェア外販も行う形でビジネスモデルを大きく変化させている。それではコンタクトセンターは今後どのように変化していくのか、ベルシステム24の取り組みを見てみよう。

Case　コンタクトセンターの変化（ベルシステム24）

　コンタクトセンター大手のベルシステム24は、生成AIを業界の転換点と捉える。現在コンタクトセンターは需要が高まる一方で、他業界も含めた人材獲得競争が進み、中長期での人手不足やオペレーション維持も論点となっている。

　こうした中、業界で先駆けた生成AI活用を進め、AIを前提に置きオペレーターの能力を拡張するコンタクトセンターのあり方を展開。AI実装したオペレーションで効率的により多くのクライアント企業を受注していくとととともに、「顧客の声」の最前線にいる立ち位置を活かし、顧客の評価・不満等のデータのAI分析を通じた営業・マーケティングやカスタマーサクセスの顧客プロセスの変革を担うコンサルティングや各種テクノロジーを提供する企業へのビジネスモデル転換も図る（図4-22）。

　今後コンタクトセンターのオペレーターのリスキリングにより顧客プロセスのAIを用いた自動化提案や、顧客の声をもとにした価値転換を図る人材に転換する。

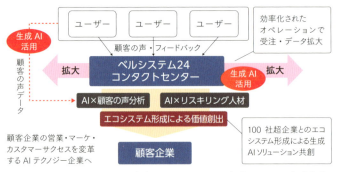

図4-22　コンタクトセンター企業ベルシステム24の生成AIにおける価値転換

　加えて、異業種ユーザー企業や、生成AI技術企業などとコールセンター向けの生成AI（人工知能）システムを共同開発するプログラム「生成AI Co-Creation Lab」を設立し、100社超の参加を見込む。2025年度中の30社での実用化を目指し、ユーザー企業の課題にもとづき業界ごとの生成AIソリューションモデルを構築する。

　例えば中部電力グループのTSUNAGU Community Analyticsとは、コンタクトセンターに蓄積するベテランの属人ノウハウや過去の対応履歴をデータベース化し、新人担当者等の業務における問題発生の際に、生成AIがベテランに代わって原因の特定や、解決の示唆を行う業務システムの共同開発を行っている。

　生成AIを契機にアウトソーサー事業で受注している顧客オペレーションをAI×ヒトで変革する次世代型のコンタクトセンターへ進化を図る。加えて、企業がインハウスで運営しているコンタクトセンターにも、生成AIを活用したソリューション提供する計画だ。

ものづくり・製造業の変化

マスカスタマイゼーションが現実に

　次にものづくりや製造業のあり方がどのように変化していくのかを見ていきたい。先述の通り、Generative Design（設計の自動化）により設計の顧客ごとのカスタマイズを高効率に実現することや、それにもとづいて生産計画を調整すること、さらには制御部分も設計や生産計画のカスタマイズにあわせてプラントや機器の制御コードを生成し、柔軟にオペレーションを調整で

きるようになる。

こうしたことの組み合わせにより、製造業としての究極の姿であり一部の企業でした実現できていなかった顧客ごとのカスタマイズを高効率に実現する「**マスカスタマイゼーション**」が現実的なものとなってきている。

膨大なデータを現場が生成AIで分析し自律カイゼン

また、工場において多くの企業がIoT等で膨大なデータを蓄積してきているものの、その多くが活用しきれていないのが現状だ。先述の旭鉄工の事例のよう (p.76) にこうしたIoTや機器のリアルタイムのデータを、AIに参照させてリアルタイムに分析させて活用することが可能となってきている。

また、企業向けの生成AI基盤においては、RAGで参照させるデータを設定し、プロンプトを調整することによって各自で生成AIを活用した現場カイゼンツールや、分析ツールが簡単に作ることができる。従来はデータサイエンティスト等と連携し個別に作り上げる必要があったデジタルを活用した現場カイゼンが民主化するのだ。

AIや言語モデル開発を担うエンジニアももちろん重要であるものの、現場においてAI活用やそれを通じたカイゼンを拡げていく上では、AIを「使いこなす」人材をいかに増やせるかが鍵だ。今後、現場も含めた幅広い人材に対してAIの使いこなしスキルをリスキリングで提供していくことが求められる。

Case 製造業の未来としての自律型生産工場（SIEMENS）

生成AIによる製造業の変化が起こる中で、未来の工場はどういった姿だろうか。ドイツの製造業を支援する各種ソリューションを展開するSIEMENSは未来の工場を「自律型生産工場」と捉える。図4-23が、自律型生産工場のコンセプトだ。

このコンセプトにおいて、製造対象はユーザーのアイデアにもとづく写真やスケッチだ。そこからGenerative Designで設計が自動生成され、必要な材料や部品、製造プロセスの特定と、生産キャパシティやCO_2排出などの環境負荷を考慮して最適な生産工場やサプライヤーが決定される。

図4-23　SIEMENSが描く製造業の未来 "The Autonomous Factory of the Future by Siemens"
（出所：SIEMENSより筆者加筆）https://www.youtube.com/watch?v=y8bJk_hGYD4

　入庫した材料・部品はロボットやドローン等が検品し、何か人間の介入が必要な際はアラートが出され、人が判断する形で、自律システムと人が連携する。生産計画や、作業計画、各機器への制御コードが生成され柔軟に製造プロセスが実行される。その上で検査を実行し、ドローンを通じて各個別のユーザーにもとに配送される。

■ Generative Design×制御コード生成によるフレキシブル生産

　SIEMENSはこうした未来の製造業を支えるべく生成AIを事業に取り込んだポートフォリオを展開している。設計段階では設計/PLMソフトウェアにおいてGenerative DesignでAIを活用した設計を支援しマスカスタマイゼーションを支えている。

　加えて、生産技術においてはマイクロソフトと連携したIndustrial Copilotにおいて各種機器を制御するコントローラーであるPLCの制御コードや、機器操作表示画面（HMI）のプログラムを自動生成する。工場のライン立ち上げや、ライン変更・改善などの際に図面や要件のインプットをもとに、制御コードを生成。技術人材の人手不足や、生産ラインの複雑化などの課題を持つ生産技術組織を支える。

　例えばマザー工場から海外工場にオペレーションを移転する際などでも、移転するオペレーションの制御コードを移転先に適用することなどで、迅速な海外工場立ち上げにも寄与すると見る。今後、生産技術のプロセス全体を生成AIで支え

設計	生産技術	製造
・設計 / PLM ソフトウェアにおいて Generative Design を通じて柔軟な設計やマスカスタマイゼーション支援	・Industrial Copilot（マイクロソフト連携）を通じて図面や要件をもとに PLC の制御プログラムを自動生成	・ローコード開発 × 生成AI（AWS 連携）を通じて顧客従業員が自律的にソリューション開発するデジタルカイゼンを支援

図4-24　SIEMENSの製造業向けの生成AI活用ソリューション

るソリューションとすべく、現在の自社PLCから、多様な制御ツールやロボット、機器など適用先を拡大する方向性だ。

ローコード×生成AIで誰もがデジタルカイゼンができる現場へ

さらに自社で保有しているローコード開発ツールのMendixと、AWSの生成AI基盤のBedrockを連携し、データサイエンティストでなくても、現場誰もがカイゼンのためのデジタルアプリケーションを作れる体制を構築している。製造業などの現場で自社の現場カイゼンのためのアプリ開発が誰もができるようになるとともに。そのアプリケーションを他社に外販して他社から収益をあげられる循環を生み出す（図4-24）。

製造ラインのあり方が今後大きく変化する

今後生成AIの進展の中で、生産ラインのあり方はどのように変化しているのだろうか。先述の通り機器やロボットを、事前にインテグレーションした通りに動作させるのではなく人の指示や生産計画などに応じてフレキシブルに切り替えができるようになる。それにより製造ラインのあり方も大きく変わることとなる。

今までの製造ラインの変化の大枠（前半）を振り返ると下記の通りだ（図4-25）。

① 近代化前製造：モノは固定で熟練工が動いて個別に生産
② 大量生産：フォード生産方式等ラインでモノを流し熟練工は固定
③ 自動化生産：ラインでモノを流し自動化設備＋人が製造

そこから後半の変化として、ユーザーニーズの多様化や、製品ライフサイクルの変化が高速化する中で、固定されたラインで特定の製品を作る製造から、ラインの中で調整や段取り替え等を行い、柔軟に製造を切り替えていく「④ 多品種少

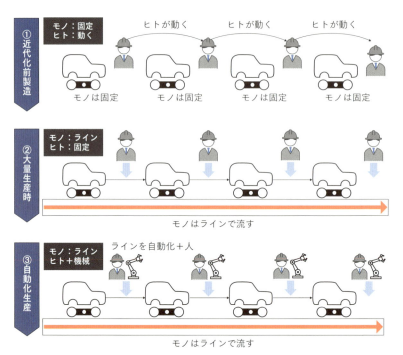

図4-25 製造ラインの変化の段階(1)

量生産」の流れが生まれた。これは現場の熟練のノウハウにもとづく段取り替えや調整によるものであり、全ての企業に「民主化」するまでは至らず一部の高い技術を持つ企業に限られていた。

そうした中で、生成AIが機器・ラインの制御をフレキシブルに調整できるようになることにより、フレキシブル生産がより多くの企業に広がるポテンシャルを有している。

方向性としては、共通部分は従来同様に自動化を行った上で、変動する部分を段取り替えのパターンを参照させた生成AIを活用して組み替えていくことでラインのフレキシビリティを担保するのが1つ。

もう1つとしては、固定された製造ラインのモジュールを、製品を載せた生成AI搭載のAMRが生産計画や人の指示、センシング結果や人の指示にもとづき柔軟にルートを変えて移動しフレキシブルに製造するというものだ（図4-26）。

工場ラインの制御としては、正確性が求められるため、1から制御コードをAIに生成させるのではなく、事前に段取り替えの固定パターンを参照させておく。人

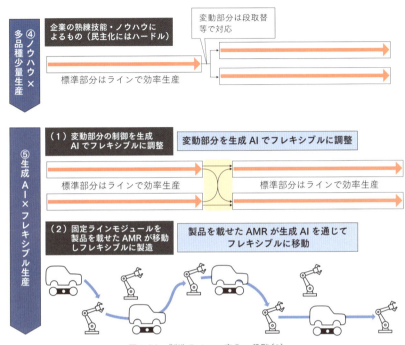

図4-26 製造ラインの変化の段階(2)

の指示や、生産計画等の状況判断から、どの段取り替えパターンを選択するのかを生成AIに担わせるといったものだ。

　ある程度の量産品であれば、段取り替えのパターンは固定化できるため正確性重視で、固定された段取り替えパターンの選択を生成AIにフレキシビリティに実施させ、一方でリサイクル品として回収されてきた循環製品の解体等、毎回対応が異なるものについてはセンシング結果や人の指示をもとに制御コードを生成させるアプローチとなるだろう。

　対応タスクの求められる正確性や、どの程度変化の幅が大きいのかでアプローチを選択することになるだろう（図4-27）。

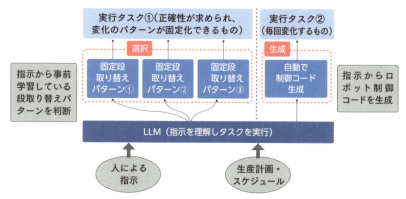

図4-27　製造業における制御コード切り替え／生成のアプローチ

製造オペレーション受託型ビジネス（EMS）への転換戦略も鍵となる

　今後製造業としてフレキシブルなオペレーションが可能となる中で、より自社の製造能力をAI活用で効率化や柔軟性を向上させた上で、自社製品のみならず、他社の製品も受注していくEMS化が進むことが想定される。

　日本の製造業は現場オペレーションが強みであるが、これらのノウハウが体系化されておらず活用しきれていなかった。こうした中で、自社の工場のキャパシティを活用してAI時代の新たなEMS展開が期待される（図4-28）。

　加工・組立・搬送・検査などそれぞれラインが存在している組立産業（自動車・電機など）は今までEMSなどの水平分業が進んできており、iPhoneなどの製造を担う台湾のフォックスコンや、ソニーのPC製造部門からスピンオフしたVAIO社が自社PC製品とともに他社ロボットや先端プロダクトのEMSを展開するなど展開が活発だ。

　これらがより高効率に実現できるようになるとともに、今まで水平分業型に移行しておらず自社で垂直統合型ものづくりを行うことが中心であった、プロセス産業（化学・鉄鋼・飲料など反応・攪拌等を行う製造業）においても転換が起こると考えられる。プロセス産業はDCS（分散制御システム）を通じて統合的にプラントが制御されており、そもそも人を介するプロセスが極小化され遠隔監視・制御等が進んでいる。

　現在、DCS企業の横河電機が、幅広いプロセス産業企業と、プラント制御・操業のノウハウをAIモデル化し自律操業する取り組みを進めているが、こうした自律操業を支えるAIモデルを構築できると、優れたノウハウを持った企業はリソー

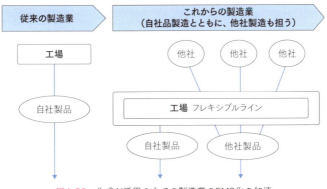

図4-28　生成AI活用の中での製造業のEMS化の加速

スを最小化した上で他社プロセス製造を受注するビジネスモデルも取り得る。

素材産業は日本が強みを持つ領域であり、組立産業の自社製造能力をAIで効率化したEMS展開とともに、プロセス産業のAI実装を通じたEMS展開、水平分業展開は期待される領域だ。プロセス産業の製造業は生成AIをいかに活用し、どのようなオペレーションを目指しているのか、キリンの事例を見てみよう。

Case　セミオート製造業の実現（キリン）

キリンは製造業におけるコアとなるエンジニアリングチェーン（開発―設計―生産技術―製造等）や、サプライチェーン（調達―製造―販売―物流等）も含めて広範囲にAI活用を進めている。自動販売機の巡回ルートや商品補充等をAIで自動化するサプライチェーンでの取り組みにとどまらず、食品メーカーにおいて根幹であるレシピの開発や、酵母計画などにおいても踏み込んでAI活用を進めている。

同社は製造業全体として「蓄積や保有をしているが活用しきれていないデータ」が多く存在すると捉える。自動販売機ビジネスで蓄積をしていた販売データは、日々確認していたものの活用し尽されていないことに着目し、販売予測や、商品補充・ルート計画生成まで踏み込んだデータ活用を行った。

レシピの開発においても、近年数値化が進んでおりデータ蓄積をしていたが、十分に活用されていなかった。こうした埋もれている「データの宝」を徹底活用し、データ×AIで配合や工程条件から試作結果を予測することや、目標とするスペックから原材料や工程を探索する醸造匠AIを開発。数値化できる土台部分にAIを導入し、熟練者のノウハウが必要となる細かい調整部分に注力することで効率化と、

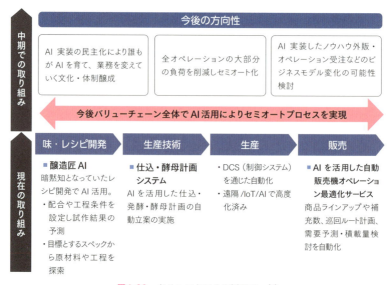

図4-29　キリンにおけるAI活用の一例

品質向上を両立している（図4-29）。

　同社としては全オペレーションの大部分は生成AIをはじめAI活用により業務削減が可能であると考える。実現にはデジタル部門だけでなく、部門を超えてAI活用を進める必要がある。同社はデジタルでの研修プログラムとしての「DX道場」等を通じて今後、デジタル部門だけでなく、全社員が自律的にAI活用を進めるリスキリングを進め、セミオート製造業の実現を図る。

モビリティ・自動車の変化

　自動車業界はCASE（コネクテッド、自動運転、シェアリング・サービス化、電動化の4つの論点のこと）の大きな転換点を迎えている。特に複雑な状況にも対応することが求められる自動運転や、パーソナライズされたモビリティサービス展開においては、既存のアプローチでの限界も見え始めている。そうした中で各企業も生成AIの特性を組み合わせた取り組みを行ってきている。

Case 複雑な状況理解ができる基盤モデルで完全自動運転を目指す（Turing）

自動運転×生成AI

　Turingは2021年創業のAIとカメラのみのハンドルのない自動運転車提供を目指すスタートアップだ。車両・半導体も含めた自動運転車開発・製造を手掛けている。同社は自動運転技術の実現において生成AI技術との掛け合わせが必須となるとみる。自動運転実現においては、人間も運転の際に迷う複雑なシチュエーション（例えば道路が工事中でコーンが置かれ、作業員が誘導をしている状態など）にも対応する能力が求められる。

　こうした複雑なシチュエーションは無数に存在するロングテールであり、全て事前に学習することや、走行データから対応を検討することは既存の自動運転AIシステムでは限界が生じる。

　それにあたっては、視覚情報を自然言語で状況を理解する能力を有する生成AIを自動運転に最適化して活用することが鍵とみる。事前学習していないケースにおいても、カメラでセンシングした情報をもとに、日本の道路環境や複雑な現実を理解した基盤モデルが状況解釈・運転判断を行う仕組みを構築する。

　同社はテキスト・画像・映像などの複数の情報ソースのマルチモーダルでの学習ライブラリ「Heron」を公開するとともに、経産省の基盤モデル開発プロジェクトGENIACを活用し、運転ドメインを学習した大規模マルチモーダル基盤モデルの開発を強化している。同社は2025年には人間の介入なしで都内を30分走行できる自動運転システムを実現する計画だ。

　Turingの他、こうした生成AIにおける画像・動画からの状況判断／描写能力を活かした取り組みとしては下記等も期待されている。

- 衛星データの意味付けを生成AIで実施し効率的に都市などのデジタルツインを構築する
- ドローンや検査ロボット等で建設現場をセンシングした結果を生成AIで分析し進捗管理や、品質管理に活かす
- 災害時等にドローン取得画像から被害状況や必要対応等を迅速に分析

🔖 モビリティサービス×生成AI

　パーソナル化された乗車での体験を提供することが求められるモビリティサービスにおいても生成AIが提供できる価値は大きい。

　例えば、ドイツVolkswagenは会話ができるクルマを提案。「携帯電話の充電器を買いたい」「バターチキンが食べたい」など口頭で指示をすることで行先の候補を示すとともに、空調制御やナビゲーションの操作も実施する。

　また、ソニーとホンダによるソニー・ホンダモビリティは自動運転EVのAFEELAにおいて、上記にあるようなパーソナルアシスタントとともに、車内エンターテイメントに力点を置く。映像や音楽、ゲームなどの社内での楽しみ方を再定義し、ユーザーの好みに合わせた提供を行う。

　同社のクルマにはゲームエンジンが搭載されており、車両、歩行者、地形、天候など、様々な外的環境条件をシミュレートし、走行環境にARで仮想のキャラクターやコンテンツを投影させることなど生成AIと組み合わせたパーソナライズ体験を提供する。

section 5

社会システムと生成AI

人口減少時代の自治体と生成AI

　現在多くの省庁や自治体で生成AI活用が行われているが、その背景にはサービスの複雑化や、人口減少があるのだ。今後人口減少時代においては自治体の人員や予算も自然減少傾向にある。その中で、住民が幸福度を維持して安心安全に暮らせるべくサービスを維持することが求められ、AI活用による効率化が期待されている。下記等が主な事例だ。

- 防災・災害発生時のドローン画像から状況分析
- 庁内問い合わせ対応の業務負担軽減
- 市民からの問い合わせ対応の効率化
- 多言語での観光案内生成AIサービス
- 介護等におけるケアプランの生成、高齢者見守りの実施
- 保育所入所選考の自動化、児童虐待等対応業務支援
- 道路・インフラ画像から潜在リスクの洗い出し
- 移住・定住者への提案・サポート支援
- 議会対応（資料準備・調査・情報収集などの効率化）、答弁書のたたき台作成

Case　AI市長アバターによる英語発信／法令のわかりやすい発信（横須賀市）

　その早期の段階から真っ先に取り組みを進めてきているのが横須賀市だ。自治体は膨大な文書を取り扱う業務が多く、生成AIとの相性がよい。
　同市では予算・決算資料、稟議資料など年間9万件の文書を作成しており多大な

労力が投入されている。庁内の過去事例・対応結果や法律の知識、議会議事録等をもとに法令や条例などの文章のたたき台を作ることや、例えば消防局であれば消防法令や火災の際の対応など複雑な内容を対話形式でわかりやすく職員向けの研修資料にするなどで活用をしている。文章作成の時間を大幅に削減できており、現場に向かうことや市民とのコミュニケーションや、政策を検討する時間にあてることができている。

同市として、自治体における生成AI活用の大きな価値の一つとして、コミュニケーションの柔軟な変換をあげる。自治体の条例・法令や、税金等の計算の仕組みなど複雑な情報が多く、これらをわかりやすく伝えるとともに、文書・ラジオなどの音声・動画などそれぞれの住民にとって受け取りやすい形式で伝えることが重要であると考える。

また、横須賀市は在日米軍2万人をはじめとして海外の方の住民が多く、外国人へのコミュニケーションも大きな論点だ。市からの公表内容は日本語で実施されることが多く、情報を届けられていなかったことが課題であった。そうした中で、同市は市長の記者会見を、姿や振る舞い、声質を維持したまま英語での動画と変えて英語話者住民の方への発信を行っている。情報を「作る」とともに「伝える」段階において生成AIを効果的に活用し住民の生活を支えていく（図4-30）。

この取り組みは、自治体における外国人住民へのメッセージだけでなく、グローバルで経営されている企業のメッセージやリリース等を各国に対して、各国の言葉で届けるなど様々な活用用途が期待される。

図4-30　AI市長アバターによる英語発信　　　　（出所：横須賀市）

Case　AI活用ガイドライン・活用事例集の展開（東京都）

　大きな人口を有する東京都においても働き手の減少は共通の課題だ。こうした中で事務手続きなどを効率的に実施して、政策の内容等を検討する時間を捻出する必要性が存在すると同時に、行政業務の複雑化や、民間からの中途採用等の増加により内部の規則や業務プロセス等を効率的に共有する必要性からも生成AIの活用の重要性が大きいと捉える。

　試験導入した生成AIを利用する都庁職員は、業務時間削減や、業務の質の向上を感じ、今後も活用したいと回答する割合は8割を超える。文章作成や企画のアイデアの壁打ちなどで多く活用されている。利用した職員は活用を拡げていく中で、利用しない職員との差が大きくなっていることが課題だ。

　そこで東京都は、情報漏洩や著作権侵害などのリスクから利用を躊躇している層を支える上でも安心安全に生成AI利活用をしてもらうための「文章生成AI利活用ガイドライン」を、活用のイメージが湧いていない層に向けて「都職員のアイデアが詰まった文章生成AI活用事例集（プロンプト集）」を整備し庁内向けのみならず、公開をしている（図4-31，図4-32）。

　これらの東京都が公開しているガイドライン・事例集は、他の自治体や、企業等でも参照や活用が広がっているという。自治体や企業においては規模によってリソースや、人員も限られる中で、こうした自治体を超えた連携や、共同で取り組んでいく動きも重要になるだろう。

　また、日本として生成AI活用のノウハウや知見等を体系化し、新興国の政府や産業界へ提供することで生成AI時代の新たな連携のあり方や、キャパシティビルディング・海外人材育成のあり方にも繋がりうる。

図4-31　公開されている東京都の活用事例集のプロンプト

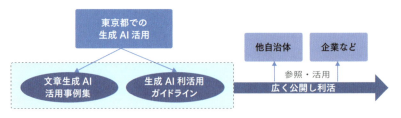

図4-32　東京都におけるガイドライン・活用事例集の公開

ダイバーシティと生成AI

　制約のある方への支援としても生成AIが期待される。例えば、聴覚支援としての文字情報の読み上げや、視覚支援としての周囲環境や会話内容の文字化・文章からの手話画像の自動生成などだ。NHKは、テキストデータをもとに手話のCGアニメーションを生成する技術も研究している。その他、今後は文章や会話内容の点字変換を行うことに強みを持った言語モデル開発等なども期待される領域だ。

　従来までは技術開発やサービス開発においてはリソースの制約上、市場や利用者数が大きい対象に集中されがちであったが、生成AIにおいては個別のカスタマイズが実施しやすく、マイノリティの方へのサービスや価値提供の可能性が拡がりうる。今までは社会側の間口や技術的な制約があり、全ての人が活き活き働く環境になかったが、今後生成AI等の技術活用により可能性が拡がる。

　社会のあり方や、ダイバーシティのあり方も現代のテクノロジー環境に合わせて再設計していく必要があるだろう。生成AIの活用により、誰も取り残さない、多様な優しい社会の実現が期待される。

生成AIの進化と、社会におけるリスク

　今まで見ている通り、生成AIは様々なインパクトをもたらし業務効率化やビジネスの高度化をもたらしている。一方で、社会全体で課題やリスクも

生まれている。企業での活用にあたってのリスク（ハルシネーション、情報漏洩、権利侵害等）は第6章で述べる通りだが、それらとともに社会全体の課題・リスクの代表的な例としては、悪用のリスクや、電力消費の増大が存在する。

　悪用としては、生成AIが相当自然な言語で会話を行うことや、音声や画像・動画等も本人に似せて生成することができることから、ディープフェイクとも呼ばれるAIを活用したなりすましの詐欺やデマの拡散などが横行していることだ。日本においても首相のなりすまし動画が問題となったのは記憶に新しい。こうした詐欺などのリスクが拡がることを念頭に置いた上で、消費者や社会側が賢く活用をしていく必要がある。

　インターネットやSNSの広がりと同様に、教育機関や社会全体での啓発や教育のあり方の検討とともに、一人ひとりがこうした時代の中でAIとの付き合い方を考え続けて注意することが重要となる。加えて、電力消費の高まりも影響の一つだ。生成AIの言語モデルやサービスの学習においては大容量のサーバーやデータセンターが必須となり、その運営には多くの電力が必要となる。電力消費をはじめ派生して生まれる影響を考慮した産業政策や、社会構造の再設計が重要だ。

第5章

生成AIキープレイヤーと言語モデル開発

生成AIの登場は大規模言語モデル（LLM）や、生成AIソリューション展開企業の登場のみならず、既存のプレイヤーの戦略や戦い方などプレイヤー構造を大きく転換させている。また言語モデル開発や差別化の方向性や、何を収益源としていくかのビジネスモデルもいくつかの戦略パターンが生まれてきている。本章においては、こうした生成AI時代におけるキープレイヤーの構造や、言語モデル開発の方向性・プレイヤーのビジネスモデル等について触れたい。

section 1

キープレイヤーの生成AI活用戦略

生成AIプレイヤーマップ

　生成AIの登場により新たなプレイヤーが生まれるとともに、既存のプレイヤーのあり方を変えてきている。これら生成AIに関連するプレイヤーの一例としては図5-1のような構造となる。それぞれ詳細を見ていきたい。

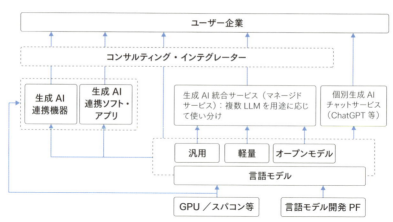

図5-1　生成AI関連のプレイヤーマップ

① 言語モデル

　言語モデルは文章や言葉をもとに単語の出現確率をモデル化し予測する技術であり、生成AIで用いられる膨大なテキストデータを学習したものを大規模言語モデル（LLM：Large Language Model）と呼ぶ。マイクロソフトと連携しているOpen AI社、Amazonと連携しているAnthropic社、Googleなどのメガプレイヤーが展開する汎用言語モデルと、NECのcotomi、NTTのtsuzumiのようにカスタマイズがしや

すく業務活用に重きを置いている特化モデル、メタ(米)が展開しているLlamaや、仏Mistral、IBM(米)のGraniteなどのオープンモデルが存在する。それぞれについては後述する。

② **生成AI統合サービス**

言語モデルを活用して生成AIサービスを提供するプレイヤーとしても位置付け変化してきている。ChatGPT(OpenAI／米)や、Claude(Anthropic／米)など特定の言語モデルにもとづいてチャットサービスを提供する形から、企業向けには用途に応じて言語モデルを使い分けられる基盤を提供する形へと変化してきている。代表例としては、Copilot(マイクロソフト／米)、Amazon Bedrock(AWS／米)、ABEJA LLM Series(ABEJA／日)、Preferred AI(Preferred Networks／日)、リトロン(NTTデータ／日)、法人GAI(ギブリー／日)、Exa Base生成AI(エクサウィザーズ)などがある。企業向けの生成AI基盤においては、利用にあたり言語モデル提供会社が学習しない形態等のセキュリティ担保が可能となる。

③ **生成AI連携ソフト・アプリ**

今後あらゆるソフトウェア・アプリケーションにおいて生成AIを組み込んだ展開が重要となってくる。例えば、自社のサービスを生成AIのチャットサービスが支援を行い、ユーザーの利用や運用を支援することや、生成AIを活用して自社のデータを効率的に活用したサービス化を行うなど、全てのソフトウェアにおいて生成AIの組み込みが重要になっていく。例としては、本書で触れている食べログ、メルカリ、SAP、ベネッセ、ライフル等だ。

④ **生成AI連携機器**

また、ソフトウェア・アプリケーション同様に、機器や製品についても生成AIと連携することが必須となってくるだろう。冷蔵庫の食材を認識してレシピ提案等を行うサムスンの冷蔵庫や、軽量生成AIを搭載するiPhoneのように自社製品に生成AIを組み込み、ユーザーの利便性の向上や付加価値向上を図るパターンがまず一つだ。加えて、オムロン等のように工作機械等のメンテナンスやトラブル対応において過

去の対応報告書や、マニュアル・説明書にもとづき回答するパターンや、さらには、デンソーのGenerative-AI-Robotのように生成AIにロボットの動作を選択もしくは、制御コードを生成させてフレキシブルに動作させる機器・ロボット等のパターンが存在する。

⑤ **コンサルティング・システムインテグレーター**
　今までソフトウェアや、機器の導入を担ってきたインテグレーターや、コンサルティング企業は生成AIの登場で、大きく位置づけや価値提供の方向性が変わることとなる。システムのコード生成や、機器の制御コード生成などによりユーザー企業側でもある程度その役割が担いやすくなり「民主化」する。そうした中で、単にシステムや機器導入を行うのみではなく、生成AIを通じたオペレーションの構造変化のコンサルティング型での伴走支援や、効率的なオペレーションをAI活用で構築してBPO型でアウトソーシング受注するなど、人工ベースから価値ベースへと転換を図る必要がでてくるのだ。

⑥ **言語モデル開発プラットフォーム**
　生成AI時代に新たに生まれたポジションとして、他社の言語モデルの開発自体を支援するプラットフォームがあげられる。本書でも触れている通り、様々な言語モデルが開発されているが、それらを共通的に支えていく基盤だ。代表例としては、NVIDIAが展開しているNVIDIA NeMo等。また、LLMを展開しているGoogleや、マイクロソフト自身も、他社の言語モデル開発を支援するソフトウェアを展開している。

⑦ **GPU**
　GPU（Graphic Process Unit）は「グラフィックス処理ユニット」の略であり、当初は3Dグラフィックスのレンダリングを高速化するために設計されたものである。そこから、機械学習のトレーニング等で活用される形へと用途を拡大している。生成AI等、AI開発が重要となる時代においてはGPUが必須であり、生成AIの登場により最も収益を上げているのがGPU企業であるとも言及される。NVIDIAや、Intelな

どが展開している他、GoogleやAWS、マイクロソフトなども半導体を内製化しており、自社での供給体制も構築している。日本においては後述するPreferred Networksが生成AIの言語モデルやプラットフォームとともにAIチップも展開している。

⑧ **ユーザー企業**

　より変化が大きいのがユーザー企業だ。今までITやAI技術は個別に開発したり業務に合わせてインテグレーションしたりする必要があり、従来システムインテグレーターやITコンサルタント等に多額の発注をする構造にあった。しかし、この構造が生成AIにおいては大きく変化する。生成AIを活用してシステムコードを生成することで開発を効率化することや、言語モデル展開企業のAPIを活用することで自社サービスに生成AIを組み込むことなどが実施しやすくなる中で、システム開発が民主化することとなる。今まで以上にユーザー企業が自社として「何を実現したいのか」「どのようなオペレーションを実現したいのか」といった目的を自社で描いていくことが重要となる。また、先述の通りユーザー企業自身が自社のデータやノウハウを活かして、生成AIサービスを展開することや、LLMを開発し展開していくなど、他プレイヤーとの垣根がなくなっていくことも起こっている。

言語モデル開発の行方

　現在、生成AIの産業・ビジネス用途の活用が急速に進んできている。すでに業務の中でChatGPTのような生成AIサービスを活用する段階から、既存の業務オペレーションに生成AIを組み込んだり、生成AIをベースに新サービスを展開したりする事例も出始めている。そのような中で、大規模言語モデル開発としては、**開発の方向性のパターン**も生まれてきている。下記が開発の方向性のパターンである。

① 大規模汎用モデル vs 軽量個別モデル
- パラメーターを最大化した汎用大規模言語モデルと、パラメーター数は軽量化し個別業務へのチューニングを重視したモデル。後者はSLM（Small Language Model）とも呼ばれ、ロボットやモバイル・車両など機器への組み込みの検討も進む
- 例：GPT（大規模汎用）⇔ NEC cotomi ／ NTT tsuzumi 等

② 汎用言語（英語）vs 特定言語
- 汎用言語の英語を土台に開発されたモデルと、日本語等の特定言語に特化したモデル
- 例：GPT（汎用言語）⇔ ソフトバンク日本語LLM、サイバーエージェント日本語LLM、シンガポール政府東南アジア現地言語LLM（National Multimodal LLM Programme）、ベトナムVin財閥ベトナム語LLM 等

③ クローズドソース vs オープンモデル
- プログラム・ソースコードを公開するオープンモデル
- 例：ダウンロードしてチューニングして活用できる：米Llama、仏Mistral等
- 例：言語モデル自体をコミュティで開発する：IBM Granite

汎用LLMの高速進化

マイクロソフトが資本提携するOpen AI社や、Amazonが出資するAnthropic社、Googleなどメガ企業による大規模な開発資金投入により、パラメーター数が膨大なモデルが開発されて、汎用LLMとしても可能な範囲が広がっていく。

それと棲み分けていく位置づけになるのが、**オープンモデル**や、**個別モデル**だ。汎用モデルの進化はすさまじいスピードではあるものの、個別業務に対する寄り添いや特化した使い方においては用途によっては精度や信頼性が落ちる部分が存在する。そこに他LLMプレイヤーの展開余地が存在するのだ。

個別業務カスタマイズモデル

大規模汎用モデルはOpenAIが展開しているChatGPTや、Anthropicが展開しているClaudeなどが代表例だ。大規模なパラメーターを学習させて、さまざまなタスクに対応できるよう開発される。

一方で、パラメーター数は軽量化し個別業務へのチューニングを重視したモデルが**軽量言語モデル**だ。「広く浅く何でもできる」汎用の土台を構築する汎用モデルに対して、最低限の土台を構築し個別業務での「狭く深いカスタマイズ」を重視するのが軽量モデルである（図5-2）。

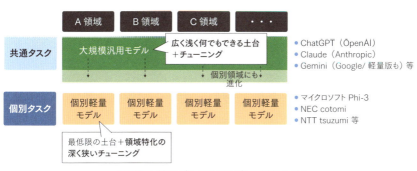

図5-2　言語モデルの汎用モデルvs特化モデル

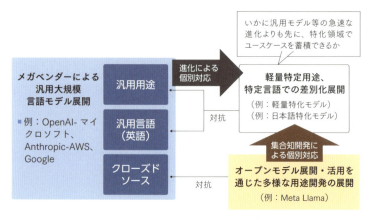

図5-3　言語モデルパターンにおける競争環境

　そのうち、NECも含まれる②の特化型展開については、汎用大規模言語モデルの汎用性がゆえの課題をついて個別業務へのカスタマイズ性・寄り添いで勝負を仕掛けている。一方で、大規模言語モデルも急速に進化している。ChatGPTをはじめ新たなモデルにおいて大幅な機能拡張が発表される。

　今後、個別領域の対応能力を有していくことが想定される。加えて、Meta社等のLlamaオープンモデルで展開される言語モデルも、さまざまなプレイヤーが開発に参加し急速に個別領域に対応したサービスが開発されていくとみられている。そのため、特化軽量モデルの展開としてはこれら汎用モデルや、オープンモデルを活用したアプリケーションが個別領域のタスクに対応できる進化よりも先に、いかに顧客基盤やユースケース、展開のためのエコシステムを形成できるかが鍵となる（図5-3）。

Case　業務特化型LLM「cotomi」の展開（NEC）

　NECは、日本語に対応し、長文処理能力を引き上げた個別型LLMの「cotomi」を展開している。cotomiは「広く浅い」汎用型LLMではなく、顧客のビジネス・業務の個別用途で「狭く深く」活用することが前提に置かれている。その観点から、パラメーター増大によるトレードオフのバランスを図り、かつ産業・業務のカスタマイズ性を向上させている。

パラメーター規模の軸での言語モデル開発の競争とは別の視点での差別化を図っているのだ。現在、普及している汎用的な生成AIは膨大なパラメーターサイズを有しており、AIとしての精度は高い。しかし、ビジネス・業務用途においては、パラメーター数はさまざまなコストとトレードオフになると同社は捉える。たとえば、下記のトレードオフが存在する。

> **パラメーター数とコストのトレードオフの関係（イメージ）**
>
> ・サーバーコスト
>   セキュリティ性を考慮し自社でサーバーを持つ場合、パラメーターサイズが大きいほど必要GPUが膨大となる
> ・消費電力
>   パラメーターサイズが上がる分、消費電力が増大する
> ・レスポンス速度
>   パラメーターサイズが上がる分、業務活用でのレスポンス速度が下がる
> ・産業・業務カスタマイズ性
>   パラメーターサイズが上がる分、自社や産業のデータや、業務・オペレーションに基づくカスタマイズ性が下がる

　こうしたビジネス・業務用途での生成AI活用における既存の大規模パラメーターの言語モデルの課題を解決するべくNECが展開している独自の言語モデルが「cotomi」だ。長文処理能力により業務ノウハウ・データを学習しカスタマイズ性に優れる他、他言語モデルと比較してレスポンスタイムに優れ、反応速度が求められる業務や、業務システム等と連携した業務に適している。

特定言語特化モデル

　続いては日本語など**特定の言語に特化したモデル**だ。上記の個別業務カスタマイズモデルについても日本語に特化しているケースも多い。GPTをはじめ汎用大規模言語モデルも日本語能力は向上してきているとはいえ、学習言語のメインは英語である。
　今後、小売・サービス業での顧客対応や営業・広告コピーなど言葉の細か

いニュアンスが重要となる業務や、工場や建設・インフラ設備などでの現場作業での従業員支援、車内での運転支援等においては、英語ベースで学習された汎用的な言語モデルよりも、日本語等現地言語を中心に学習された特化言語型のLLMによる精度向上が適している。

また、安全保障上も今後インフラ管理等への言語モデル展開を考えると、特定の国の技術企業が開発した言語モデルに依存するのではなく、自国で開発された言語モデルの選択肢を持っておくことも重要となる。

日本語に特化した言語モデル開発としては、ソフトバンクは子会社のSB Intuitionsを通じて国内最大級のパラメーター数のLLM開発を行う他、先述のサイバーエージェントは独自の日本語特化LLMを開発し、自社の広告事業のコピー作成の効率化に活用する他、外部提供しクリエイター等の利用が拡大している。

オープンモデルLLMの展開

オープンモデルの言語モデルとしては大きく2つの方向性に分かれる。まず一つはLlama（Meta社）や、Mistral（Mistral AI社）のような例であり、これらのモデルにおいてはオープンモデルをダウンロードし、ファインチューニング等のカスタマイズを行うことができる。

ただし、言語モデル自体をコミュニティ型で開発を行うことはできない。そこに言語モデル自体をコミュニティ型開発で成長させる新しい方向性を提示しているのがIBMだ。歴史を紐解くとLinuxをはじめ、システムはメガプレイヤーによるクローズシステムと、オープンソースシステムが常に共存し、相互に影響し合うことで業界を発展させてきた。

言語モデルについても、今後個別プレイヤーによる言語モデルと、オープン言語モデルが共存していくとともに、すみ分けが図られていくと想定される。次は、IBMが提示するコミュニティ型のオープン言語モデルGraniteの取り組みについて見てみよう。

Case オープンコミュニティ化による共同でのLLM強化（IBM）

コミュニティと連携したオープンな言語モデル開発

　生成AI登場以前からIBM Watsonをはじめ、積極的なAI領域の事業推進を行ってきたIBMは、生成AIを活用したビジネスに対応するAIやデータのプラットフォームである「watsonx」を展開している。他社同様に複数のLLMを組み合わせて活用でき、中でも自社LLMとして提供する「Granite」の開発形態に特徴がある。

　Graniteはオープンコミュニティを活用した言語モデルとして開発しており、言語モデル自体の開発にコミュニティが参加することができる。オープンモデルとして知られるMistral（仏Mistral AI社）や、Llama（米Meta社）は言語モデルをダウンロードし、チューニングすることは可能であるが、言語モデル自体の開発は展開企業以外が行うことはできない。Graniteの開発形態は言語モデル開発のあり方に新しい方向性を示したものとなる（図5-4）。

　IBMはオープンソース・ソフトウェア＆サービス・プロバイダーのRed Hatを買収しグループに有しており、今回のGraniteのオープンコミュニティ化の取り組みでも連携しているが、そのノウハウがあるからこその展開だ。コミュニティを活用した開発にあたっては、コミュニティメンバーが追加学習データの取り込みリクエストを申請し、開発ポリシーに沿って承認されたデータが学習され、全体のモデルが進化していく形式をとる。Graniteの特徴としては、法務や財務、医療など業務より含む形で学習させていることが特徴だ。

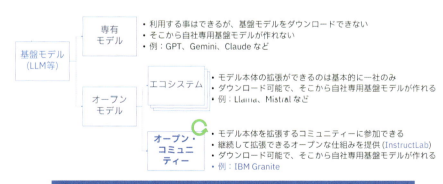

図5-4　IBM Graniteのオープンコミュニティーモデル　　　（出所：日本IBM）

■ オープンモデルLLMを活用したスピード展開

自社の言語モデルを展開するにあたって、フルスクラッチで開発するのではなく、土台はオープンモデルを活用し、それをチューニングする形でスピード感をもって展開することも有効だ。下記で紹介するELYZAはメタ社が展開するオープン言語モデルのLlamaを土台として活用し、自社LLMを開発している。

> **Case** 日本語性能を強化した言語モデルを高速展開（ELYZA）

ELYZAはメタ社が展開しているLlamaをベースに、日本語性能を強化した言語モデルを展開している。土台としてオープンモデルを活用することにより開発と展開を高速化している。

日本語性能としてグローバルトップ水準の性能を達成している。東京海上日動の事故対応時の顧客応対文面作成や、スマートニュースとの記事要約機能、マイナビとの求人原稿の作成等の日本語性能要求の高いユースケースで活用される。同社はKDDIと資本提携を実施。計算基盤への投資を加速し、企業の業務向けLLMの展開を拡げる。

― 言語モデルは用途ごとに組み合わせる マネージドサービスへ

LLMの活用としては、GPTなど既存の特定LLMを活用するあり方から、**業務特性**や**用途に応じて最適なLLMを使い分ける形式**へと変化してきている。

例えば、AWSでは同社が出資しているAnthropic社のClaudeや自社開発LLMとともに、メタ社のLlama、Mistral AI、Stability AIなど様々なLLMを用途に応じて使い分けられるようになっている。

本書で紹介している業務特化の個別LLM等を展開する企業においても、自社開発のLLMと、汎用LLM、オープンモデルのLLMなど複数LLMを用途に応じて使い分けられるマネージドサービス型で展開するケースが多くなっ

ている（図5-5）。別の観点では、日本発のユニコーンであるSakana AIは複数のLLMを組み合わせて高性能のモデルを開発する群知能（Collective Intelligence）のアプローチを取る。言語モデルの活用や開発は、特定の1モデル活用型から、複数モデル組み合わせ型へ変化してきているのだ。

ビジネスモデルとしても、「LLM自体で儲けていく」のではなく、自社開発も含めた複数LLM活用や使い分けのノウハウ等を通じて顧客のビジネス・オペレーションを支援する「総合ソリューションとして儲けていく」姿が各社見えてきている。

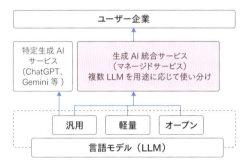

図5-5　複数LLMを用途ごとに使い分けるマネージドサービス

LLM自体は収益源ではなく、LLMを起点にどうビジネスモデルを設定するか

後述のABEJAでは、LLM自体はオープンソース化を進めていき、自社のプラットフォームであるLLM Seriesで収益を得ていく戦略である。ChatGPT等の大規模展開を図る企業においてはLLM利用サービス自体でのビジネス設計となるが、他企業としてはLLMと既存ビジネスを掛け算して、周辺領域も含めて収益化を図っていく構造となる。

Case　LLM「も」活用する顧客課題ソリューションが収益源（富士通）

顧客課題解決ソリューションと生成AIを掛け合わせ

日本のLLM開発を行う企業で多くの企業がとっている戦略がこのパターンだ。自社LLMはビジネスを行う上で一つの要素として活用するものの、それが全てではない。LLMも活用した顧客課題解決のためのソリューション全体が収益源となる。

そのため用途に応じてLLMを使い分ける中で、GPTなどの既存のLLMや、出資しているカナダCohere社と共同開発の日本語特化LLM、自社開発LLMなどを組み合わせて展開を行う。富士通は以前から従来型の個別の顧客課題にもとづく個別カスタマイズ展開を行う工数ベースでのSI（システムインテグレーター）型から、

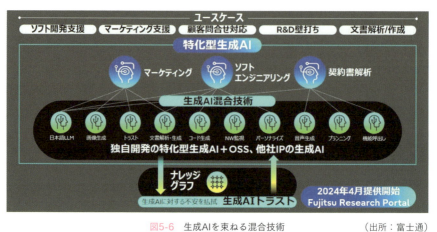

図5-6　生成AIを束ねる混合技術　　　　　（出所：富士通）

社会・産業課題を捉えて先回りした価値提供を行うソリューション展開へあり方を変えてきている。

そうした取り組みの中心となるコンセプトが「Fujitsu Uvance（ユーバンス）」だ。Fujitsu UvanceのAI活用方針としているのが「Beyond Chat」という考え方だ。チャット機能に留まらない、業務に根付いた価値あるAI活用をソリューションに組み込み、高い生産性を実現する。チャットやレポート作成、非構造データの構造化など従来のユースケースに留めず、LLMを複雑な業務にも組み込むことで、ビジネス課題と社会課題の両方を同時に解決へと導くことを目指す。

現在、製造業をはじめ、あらゆる業界において、データ連携など企業・業界をまたがる関わり合いの重要性が増してきている。そうした中、Uvanceというコンセプトの下、組織・企業・業界を横断する難しいプロジェクト（＝提供価値が大きい）の領域に焦点を定めて展開を行う狙いがあるのだ。加えて、他社の複数の言語モデルなども複数を効率的に組み合わせて活用することで、信頼性や精度向上を図る「混合モデル」の展開も行っている（図5-6）。

MITとの5年に渡る共同研究によって、富士通独自の特化型生成AIに加えて、OSSの生成AI、他社の生成AIを混合させて、カスタマイズや再学習ができる生成AIモデル混合技術を開発している。

富士通の代表的な生成AI事例（一例）としては図5-7の通りだ。

サプライチェーン強靭化（製造業向け）	能登半島地震直後に300種の部品ごとに、サプライヤーの在庫情報を連携し、AIアルゴリズムの自動生成を実施。能登半島地震2日後に損益分析を実施
システム開発・保守効率化	みずほフィナンシャルグループと、設計書の記載間違いや漏れを生成AIで自動検出。ソースコードや設計書・仕様書の自動生成等システムの開発の効率化
店舗・個人向けパーソナライズドアバター	AIアバターが顧客情報（過去の購買履歴、嗜好）や在庫情報にもとづき、商品選びや、献立などを提案
生成AI創薬	創薬にあたりターゲットとする標的タンパク質を予測・シミュレーションし効率化
治験文書作成プロセス変革	治験データ／症例データにもとづく文書作成（治験実施計画書・治験報告書）を効率化し、新薬の開発に繋げる
クリエイター向け作画支援	クリエイターの作品からスタイルを学習し、そのスタイルや細かいニュアンスに合わせた着色を実施

図5-7　富士通の代表的な生成AIユースケース一例

Case　オープンソースLLM展開を通じて自社のプラットフォーム事業を拡げる（ABEJA）

周辺領域も含めたデジタルプラットフォームが収益源

　ABEJAは開発している大規模言語モデル（LLM）をオープン化することで、自社プラットフォームである「ABEJA Platform」の展開拡大を測る。同社は「LLMのモデル単体」はビジネス源ではなく、あくまでLLMを含む、AIモデルやセキュリティなど顧客企業のDX推進を図るソフトウェア（周辺技術）を包括する「ABEJA Platform」を収益源と捉える。

　ABEJAは、企業のナレッジ・ノウハウの参照を通じた精度向上を行うRAGや、自律的にタスクを実施するエージェントなどLLMの周辺領域における研究開発および実装に強みを有する。自社開発のLLMとともに用途に応じて複数のLLMを使い分けられ、精度の担保や入出力のコントロールなどが可能な形式だ。

　同社はAIによる効率化と、人による確認やAIへのフィードバックを通じて、よりAIの精度を向上させる循環を作り出す「Human in the Loop」を特徴的なアプローチとしている。ガスプラントの配管検査における対応検討等、AIが誤りを起こしてしまうと大事故に繋がるミッションクリティカル性の高い業務への導入が強みだ。

　その他、JTBとの旅・おでかけ相談における生成AIサービスの展開や、富士ソフトとのLLMを活用したソフトウェア開発、SOMPO HDとのコールセンターにおける顧客照会や介護業務における職員支援のLLM活用等を行っている。

Case　半導体を含む生成AI垂直統合展開（Preferred Networks）

垂直統合モデルによる全方位戦略

　Preferred Networks（PFN）は、これまで海外勢への依存度が高かった生成AIのバリューチェーン（半導体・計算基盤・生成AI基盤モデル）を、一気通貫で国産化し垂直統合展開を図っていることが特徴だ。言語モデルとしては、子会社のPreferred Elementsを通じてフルスクラッチで開発するPLaMoを展開（図5-8）。

　特徴は金融・医療など高度な専門領域における日本語能力の高さだ。同社の生成AI基盤ではPLaMoとともに複数の言語モデルを使い分けることができる。

　加えて、計算資源としてハードウェアのAIチップも自社開発しており、AI基盤・ソリューション開発に最適化した計算資源の提供ができることが強みだ。AIチップ・計算資源・言語モデル・ソリューションをスパイラルに高度化させ、それぞ

図5-8　Preferred Networksの垂直統合展開

（出所：Preferred Networks）

れで収益を得ていくモデルをとる。今後、垂直統合で全方位の事業展開ができる世界でもユニークなポジショニングを活かして、業界の先端課題を解決する生成AI事業展開を図る。

　Preferred Networksグループの代表的な生成AI製品や事例としては図5-9の通りだ。

PreferredAI Talent Scouter	AIアバターとの対話シミュレーションを通じて実務の適正評価を支援
PreferredAI Insight Scan	口コミ、アンケート、日報などの大量のテキストからインサイトを発掘
PreferredAI Notes	社内データを検索して、リクエストに応じた文書やスライドを作成
PreferredAI Automation	複雑な定型業務をミニアプリにして自動化
PreferredAI Slide Review	企業独自のルールや、法律・ガイドラインへの準拠を自動レビューして見落としリスクをなくす
ロボット カチャカ	自律搬送ロボットを自然言語で柔軟に動作を切り替え、家庭やビジネスにおいて活用

図5-9　Preferred Networksグループの生成AI製品とユースケース一例

第6章

生成AIビジネス展開に向けた手引き

それでは日本企業が生成AIビジネスモデルを展開していく上で、何が必要となるのだろうか。生成AIを契機にどのようにオペレーションやビジネス検討を行っていくのか、いくつかのポイントとなる点を深堀したい。

section 1

【ビジネス検討編】いかにAIを戦略に組み込むか

技術完璧主義の脱却とAI時代の「戦略的割り切り」の重要性

　AI活用にあたり取り組みが進む企業に共通しているのが、AIに対する完璧主義や過度な期待を捨て、「**戦略的な割り切り**」を実施していることだ。今までの業務の100％をAIで代替・実現とする企業が存在するが、そうした企業は、AIで100％の精度がでなければ現場では使えないと判断してしまいAI・デジタル導入がうまく進まないケースが多い。

　AIは万能ではなく、AI活用のポイントは、60-70％のデータ化・標準化できる部分のスピードを最大化し、30-40％の高付加価値部分に人間の時間を最大限投入し、付加価値を上げることだ。今まで業務と、AI時代の業務の違いを表すイメージとしては図6-1だ。

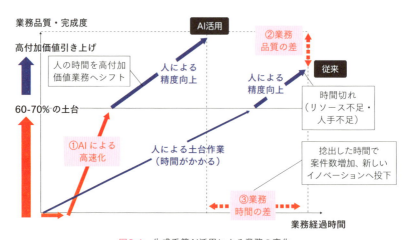

図6-1　生成系等AI活用による業務の変化

例えば先述の現場カイゼンに関するノウハウやデータを生成AIに参照させて、製造業がそれらのノウハウを抽出できるようにしているカイゼンGAIを展開する旭鉄工（p.117）は、AIによるカイゼンノウハウの提示はあくまでヒントやたたき台と捉える。従来時間がかかっていたり、経験が必要となっているヒントやたたき台を考案する部分を効率化したりするだけで大幅な時間の捻出に繋がる。

その上で、この生成AIが提示するカイゼンのたたき台を、後工程で人間がどう使うかが鍵であり、実際の現場に合わせて適用することや、応用を考えることに人間の時間を投入することが重要だ。

また広範囲にAI活用を進めるキリンとしては、「AIは完璧でない」ことを前提にAIが行う部分と、人間が行う部分の振り分けを徹底して、導入範囲や業務の効率化・付加価値向上を拡げている。キリンは企業の根幹であるレシピの開発も、数値化できる土台部分はAIにより効率化を行い、熟練者がテイスティングや舌の感覚などで調整する部分に人の時間を割く形で効率化や技能伝承を実現している。

熟練技能者としてはAIのアウトプットに対して、「自分でやった方が精度は高い」「自分でもこれくらいはできる」と捉えてAIに対抗してしまいがちだ。発想の転換により、AIのできる部分を徹底的に活用して効率化して自分の業務を楽にして、そこで捻出された時間でより精度・品質を高めることや、新しい価値を生み出す方向へと捉え方を変えていくことが重要だ。

AI活用を前提としたオペレーションの再設計へ

短期におけるポイントは図6-2におけるオペレーションのあり方の俯瞰的な分析だ。

① 今まで工数がかかっていた業務のうちAIで効率化できる領域はなにか（ポイントは「業務のうち60-70%」の部分で100%を目指さない）
② 業務のうち、リソース・時間の関係でできていなかった品質向上・オペレーショ

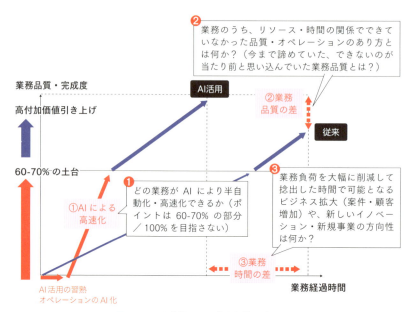

図6-2　AIを前提とした業務変革のポイント

ンのあり方とは何か？（今まで諦めていた、できないのが当たり前と思い込んでいた業務品質とは？）

③ 業務負荷を大幅に削減して捻出した時間で可能となるビジネス拡大（案件・顧客増加）や、新しいイノベーション・新規事業の方向性は何か？

　例えば、AIによる効率化による財務や経営企画等で行っている事業の経営データの整備においては、各所のデータを統合することや、差異の分析等で時間がかかるケースが多い。そうしたものを①で効率化し、②の観点で「データを踏まえて何が経営の課題なのかを分析し、アクション計画までを策定する」といった形で人の価値に焦点を置き踏み込んだ業務範囲に変化させていくことが例としてあげられる。

　中期のAIを前提においたオペレーション検討にあたっては足元の業務に対して、そのままAIを導入したとしても効果の刈り取りは限定的だ。製造業におけるロボット導入においても、人とロボットの役割を定義し、ロボットが最大限効果を発揮しやすいオペレーション・使用環境（ロボットフレンドリー環境）にカイゼンした上で、ロボットを導入することで効果を発揮し

てきた。

同様にAI活用においても、AIと人が最大限それぞれの役割を発揮しやすい「**AIフレンドリー×人間中心**」のオペレーションに組み替えた上でAI導入することが重要だ。加えて、先述のAIエージェント型のオペレーションなどは今までの常識や前提を大きく変えうる。足元の業務の延長線上への変化ではなく、未来を見据えて自社から変化を起こしていくことが重要となるだろう。

そのためにも、生成AI活用をはじめとして業務の効率を引き上げて、「未来を構想する」時間を今まで以上に捻出する必要がでてくる。

生成AI時代においては、足元のAI検討だけではなく、「AIファースト」で経営のあり方・オペレーションの抜本的な変化のあり方を再設計し、未来AI活用ユースケースを創出・検討していく専門組織を設置することも一手だ。「オペレーション・トランスフォーメーション本部」を設置し、AI時代の新たなオペレーション・価値創出のあり方をゼロベースで検討しているベネッセの事例を見てみよう。

Case　AI前提のオペレーションの構築とグループ内への拡大（ベネッセ）

ベネッセは早い段階からグループ社員1.5万人に生成AIの利用環境を提供し、コールセンター等の社内業務を効率化し顧客価値の向上を実施。さらには他社が踏み込みきれていない顧客サービスへの生成AI活用を行ってきた（図6-3）。

顧客向けサービスについてはp.124で触れたが、ベネッセは生成AIをオペレーションやビジネスモデルのあり方を抜本的に変える契機と捉える。

同社はオペレーション・トランスフォーメーション本部を設立し、今までの業務プロセスをAI時代のあり方にバリューチェーン横断で組み替える。部分的な転換は非効率を生むため、全プロセスを例外なく横断的にAI時代の前提で組み替える。

例えば従来は制作会社に工数がかかっていた、Webサイト構築の依頼段階において、ベネッセ側で生成AIとノーコードツールを用いてたたき台を作成した上で

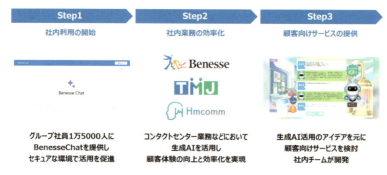

図6-3　ベネッセにおける生成AI活用の段階　　（出所：ベネッセ）

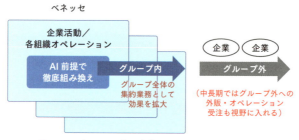

図6-4　ベネッセの目指す生成AI×オペレーション組み換え

依頼することで、制作工数を1/3に縮小している他、コールセンターも生成AIを土台にナレッジが蓄積されていく形へと組み替えた。

　社内手続きについても、RAGでの社内規定の参照に留まらず、簡易審査自動化や、AIによる手続き代行まで踏み込む。今後教材の作成や、DMの送付、デジタル販促物の展開などのオペレーションも全てAIを活用した現場が実施する形式へと転換させる。

　同社はAI前提で徹底的に組み換えを行った業務をグループ横断で集約を進めることで、規模を生み、実装・改善を繰り返しグループ全体での大きな業務改善の成果へ拡大させる計画だ。その上で、そのオペレーションを他社にも競争力のあるソリューションとして提供することも長期的には視野に入れる。

　社内の視点のみでガラパゴス化しないよう徹底的に標準化を図り（図6-4）、自社での活用とともに、グループの目や、外部の目を入れてよりオペレーションをブラッシュアップし続け、競争優位性を生んでいく。生成AI時代における競争・協調領域や、オペレーションの組み替えを抜本的に行っていくのだ。

AIでイノベーションのあり方が変わる

　先述の通り、既存事業についてのかかる時間を効率化することにより、新たな事業やイノベーションの探索へよりリソースを投下することが可能となる。早稲田大学の入山章栄教授が提唱している「両利きの経営」のあり方が加速する形となる。従来の事業を「知の深化」のアプローチで生成AIを活用した効率化を進め、そこで捻出したリソースを「知の探索」に投入していくのだ（図6-5）。

　大企業として特定のテーマを深ぼる知の深化は得意であるが、新たな要素との掛け合わせを図る知の探索は苦手である。しかし、生成AIについては二つの点で知の探索を促進する。

　一つが既存事業を知の深化の方向性で、徹底的に効率化し、知の探索の時間やリソースを捻出するという方向性だ。また、もう一つが、AIを活用して人がカバーしきれない視点やアイデアを導出して、新たなイノベーションや事業を生み出すというものだ。**AI時代の両利きの経営**を実践している東京海上HDの例を見てみよう。

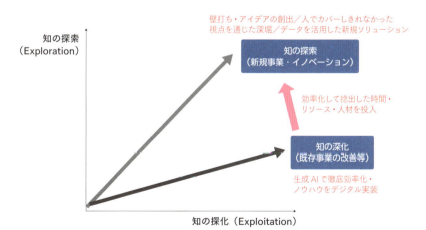

図6-5　生成AIによるイノベーション型の組織への変化

（出所：入山教授 両利きの経営より筆者加筆）

Case 既存事業効率化×新規価値創出でのAI活用（東京海上HD）

　大手損害保険企業の東京海上HDは、既存事業で幅広い業務で生成AIを活用して効率化を行うとともに、その効率化で捻出したリソースや、体系化したデータをもとに新規ソリューション開発や次世代のイノベーションを創出する取り組みを加速している。

　保険業界には、業界の規制や、商品の約款、過去事例の参照、案件ごとの状況文書化・引継ぎなど、文章を参照・作成する業務が多い。そこで生成AIの活用の効果が大きいと捉え、子会社の東京海上日動火災保険の既存事業では全社生成AI基盤の整備とともに、下記等の特定業務の効率化を行っている。

　個別業務の生成AIによる効率化では、ベンダー任せではなく自社デジタル戦略部を中心に生成AIで実現したい価値・用途を自社内で明確化し、用途ごとの特性や生成AI提供企業の強みに応じて企業を「活用し分けている」ことが特徴だ（図6-6）。

- コールセンターでの事故対応・経過報告の対話要約生成（ELYZA）
- 代理店からの保険の補償内容・加入手続き等の照会対応の回答案自動生成（PKSHA Technology）
- システム開発でのコード生成（IBM）

　共通基盤においては各自が個別タスクをプロンプトで指示するとともに、議事録作成など共通で求められるタスクは別途メニュー化して効率的に活用できる形式としている。また、自社IR資料、商品メニュー・説明、業界動向などRAG用のデータセットも整備し、業務活用を支えている。

　同社としては2035年に向けて従来の「有事の際を支える（リスクを引き受ける）」保険の概念を拡張して、「有事が起こらないようにする（リスクをなくす）」・「損害が発生しても、早期復旧や再発防止の策定を通じて未来のリスクを低減する」事前事後や予防のソリューション創出も図っている。ここでも生成AI活用が鍵になると見る。

　AI等による既存業務の効率化で捻出したリソースを投入するとともに、従来の保険業務で蓄積されている事故発生の傾向や、ユーザーの運転傾向、災害の発生状況等のデータをAI活用して分析し、先回りすることにより新たな価値・ソリューションを創出する。

　AI企業のPKSHA Technologyと、自社データ・ノウハウを活用したソリューショ

図6-6　東京海上HDの生成AI活用（既存事業×新規価値創出）（出所：東京海上HD）

ン開発を行う合弁会社AlgoNaut、データを用いたリスク可視化・予防サービス提供する東京海上ディーアール（東京海上dR）など新会社の設立や、年300名が起案する新規事業プログラム等を通じてAI×データ活用したイノベーション創出に全社をあげて取り組む。

新規事業創出に繋がる

　既存の事業や顧客基盤のデータが効率的に分析できるようになることで、新規事業にも繋がる。本業で培ったデータを俯瞰化するとともに、他社データと連携することで新たなソリューションやサービス開発に繋がりうる。ある程度定型化できる業務はAIと自動化でリソースの効率化が進む中で、自社として経験値のない不確実な新規事業やイノベーション領域に人の投入する価値が生まれる。

　先述した旭鉄工やプラグ、花王のように自社のオペレーションノウハウやデータをAI実装して新規事業を作っていく方向性や、ライフル社のように他社とデータコンソーシアム型連携で競争力のある生成AIソリューションを作っていく形もより加速化していくだろう。今後新規事業や、子会社等の運営や立ち上げが効率的に実施できるようになる中で、新たな事業を切り開く「経営人材」、「事業開発人材」をいかに生んでいくのかもより重要となる。

Case　新規事業支援「AIかべうち君」「AIしらべる君」（リクルート）

　また、リクルートは新規事業の考案に慣れていない社員の心理的ハードルを下げ、起案を支援するツールを開発した。チャットボット形式でビジネスアイディアをブラッシュアップできる「AIかべうち君」（図6-7）と、競合サービスを調べて

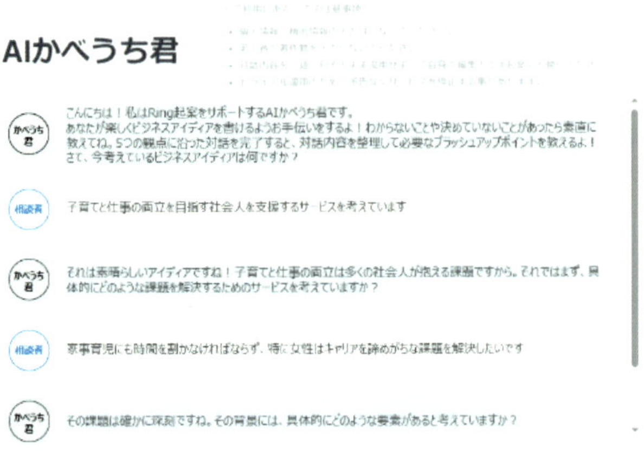

図6-7　AIかべうち君　　（出所：リクルート）

図6-8　AIしらべる君　　　（出所：リクルート）

くれる「AIしらべる君」(図6-8)だ。同社は新規事業を提案する「Ring」という制度を長年実施してきており、『ゼクシィ』や『スタディサプリ』など様々な新規事業を生んでいることで著名だ。

　プロンプトに起案者をモチベートするサポーターという役割を与えており、ビジネスアイディアとして成り立たせるために必要な提供価値、市場性、ビジネスモデル等のポイントを押さえた提案をしてもらえるように支援する。今後、日本企業にとって新規事業を生み主導をしていける人材を作っていけるかが鍵となる。自社の事業開発に長けた人材の属人的になっていたノウハウや視点を生成AI活用で、全社員に拡げていくことが重要だ。

自社のデータの価値・持ち方を再定義する

　今後AI活用を前提としたオペレーションへと変化をさせていく中で、自社のデータやノウハウを生成AIにRAGとして参照させて、業務実施にあたりそれらを引き出してオペレーション効率化を実現することや、新たな顧客サービスを展開していくことが重要になる。その中で、次の2つの変化が起こることとなる。

① 【データ構造】どういった形式のデータがAIにとって学習・参照しやすいデータか
② 【データの範囲】自社にとってどういったデータ蓄積が自社の競争力の源泉になるか

まず①のデータ構造であるが、中長期においては生成AIの進化により構造化せずとも解釈する形に変化することが想定されるが、足元ではAIが学習・参照しやすい**構造データ**（データベース等定義された形式でのデータ）等として持っておくことや、**ベクトルデータベース化**（数学的表現として保存されたデータの集合体）などを行っていくことがより求められる。

　また文章においては暗黙知となっている情報や、グラフ・チャート・概念図など解釈が必要となる項目についても、今後AIの進化により対応が可能になる。ただし、足元では精緻なノウハウ活用を実施する上ではなるべく行間や人による解釈に頼らせずに、言語化してドキュメントに残しておく必要があるだろう。

　旭鉄工の木村社長は「人間にわりづらい情報は生成AIもうまく解釈ができない。人間にとってわかりやすい情報やデータとすることで、AIとともに現場にとってもノウハウの伝承に繋がる」と語る。また、ライオンも現場の暗黙知をRAGで参照させるための勘所集をインタビューで作る上でも、構造化した文章とすることで、それ自体が若手にとっての教育に繋がるコンテンツになったという。

　加えて、より重要になってくるのが**何を自社の競争力としてのデータとするのかの範囲**だ。AIの処理能力の向上により、今まで活用できていなかった「量や範囲」のデータについても、自社の競争力の源泉や価値として活用することが可能になる。

　RAGを通じてより踏み込んだ形での文章生成をさせることや、過去ノウハウを参照するにあたっても、元のデータが蓄積されていなければ当然ながら活用ができない。これから競争力のある生成AIサービスの構築や、自社オペレーションにおける活用を進めていく上では「データの量・質と幅（範囲）」は重要な要素となる。点ではなく、価値を生み出す線や面としてのデータが今後企業の競争力の源泉となる。

　データをAI活用で価値に変える上で、既存のデータで何が強みになるのか、また、自社にないデータであっても強みとするためにどういったデータを整備もしくは、他社連携などでデータを獲得することが必要なのかを再整理していくことが重要だ。

学習データの戦略的な集め方が重要となる

今後生成AIを活用したビジネスがより広がっていく中で論点となるのが利活用する生成AIの学習データだ。特にビジネス活用においては、知財をはじめとした権利関係をクリアして、コンプライアンス上問題ない形で「安心・安全」利用できることが重要となる。そうした中で生成AIに関するソリューションを提供していく企業としては戦略的な学習データの集め方が重要となる（図6-9）。

図6-9　AI時代の戦略的なデータ収集の必要性

Case　無料版ソフト提供を通じて学習データ蓄積（Autodesk AI）

先述したGenerative Designを提供しているAutodesk（p.79）は学習できるデータ蓄積の仕組みを戦略的に設計している。同社が展開している設計ソフトのAutodesk Fusion（中小企業向け等に無料版も提供）は設計したデータをマーケットプレイスに公開できる。設計したデータをマーケットプレイスに公開できる。

こうしたデータは学習に活用できる契約形態となっており、了承を得たデザイナーや設計者による設計データをAIに学習させてGenerative Designの仕組みを構築している。今後生成AIを用いたソリューション展開が重要となってくる中で、戦略的に学習できる、かつ高品質なデータをいかに蓄積するかが鍵となる。また、昨今ではオープンデータとして多くのデータも活用可能なケースも多いため、こうした活用を徹底的に行っていくことも重要だ。

Case　データに対するインセンティブの仕組み設計（Adobe）

Adobeは生成AIの学習用の素材提供者に対して報酬を支払う仕組みで学習データを拡大するとともに、安心・安全にコンテンツ生成ができる仕組みとしている。

Adobeが展開している画像生成AIのFireflyにおいては、権利が失効しているもしくはAdobeのフォト・ストックサービスのAdobe Stockに収録されている等、Adobeが権利を有する画像を学習しており安心・安全に商用利用できる形式となっている。

　このシステムのポイントは、その学習データ提供者への報酬の支払だ。Adobe Stock等に画像を提供し学習に活用された場合、クリエイターに報酬が支払われる。今後生成AIにおいては、データの質と量が鍵を握る中で、こうしたインセンティブ設計も通じたデータを獲得・蓄積するエコシステムを整備することも重要な戦略となる。

section 2 【生成AI導入・展開編】いかにAI活用を拡げるか

続いて生成AIの活用を社内でいかに拡げていくのか、その展開にあたってのいくつかのポイントについて触れたい。

短中長期のユースケースを見定める

生成AI活用においては時間軸を踏まえたユースケースの設定が重要となる。短期的には今できないユースケースであっても、生成AIの技術進化の中で実現が可能となるユースケースも存在する。また社内でのAI活用を各組織で進めていく上でも、小さくとも成功事例を作り各従業員がAI活用で業務を変えていくイメージを持ってもらうことが重要だ。

そのためにも、中長期で腰を据えて取り組む用途と、足元ですぐにでも取り組み用途を振り分けて取り組む必要がある。足元のクイックヒットとなる用途のポイントは、個別対応が必要であり、人の暗黙知が土台となっていたオペレーションだ。下記がその一例である。

- 文章作成業務・顧客対応業務(議事録、稟議書、報告書作成、政策案作成、コールセンター業務など)
- マニュアルやドキュメントに沿って行う業務(社内申請・手続き等企業活動全般、機械・設備メンテナンス)
- 規制・法律・過去事例などに沿って行う業務(法務・弁護士、会計・会計士等)
- データ・文章分析業務(IoTでのセンシングデータ、マーケティング(顧客の声・SNS)、店舗からのレポート)

「文書参照に時間がかかる、どこに何が書いてあるかを知っていること自

	クイックヒット	短期：データ拡張	中期：あるべき姿
オペレーション	**文章生成業務の効率化** ● 文章作成業務、顧客対応業務（コンタクトセンタ）	**暗黙知（人に属した熟練技）になっているドキュメント化されていない業務の形式化・引き出し** ● 下記を通じて文書化しRAGとして参照：①生成AIと会話しながらナレッジデータベース化、②ワークショップ等を通じてナレッジデータベース化	**オペレーションのあり方変化** ● 業務プロセスのAIエージェント化 ● フレキシブルロボット・ライン ● Generative Design 等
オペレーション	**ノウハウ・実績がドキュメント化されている業務の効率化** ● マニュアルやドキュメント、規制・過去事例などに沿って行う業務		**ビジネスモデルのあり方変化** ● BPO/EMS型オペレーション受注 ● 自動化伴走・コンサルティング ● 生成AIソリューション展開 等
データ	**既存データの分析効率化** ● 複数ライン・拠点・組織・事業の情報の統合・分析 ● 膨大な顧客の声/IoTデータの分析など	**データ整備を通じた価値拡張** ● 提供したい価値から逆算した際の不足データの整備を通じたAI価値の拡張	**他社とのデータコンソーシアム連携を通じた価値拡張** ● 周辺領域等の他社とのデータコンソーシアム型の連携を通じたデータ拡張、LLM・生成AIサービス開発

図6-10　生成AI活用業務の振り分けイメージ

体がノウハウになってしまっている」、「この業務はお客さんごとに違うから効率化はできない」と業界や企業内で認識されている工程があれば、そこは生成AIが効率化するチャンスだ。

　そこでクイックヒットを出しつつ、ロボット連携や、AIエージェント化等は、未来のオペレーションのあり方の解像度を高めながら同時並行で中期を見据えて骨太に取り組む。これを組み合わせていく必要性がある（図6-10）。

「生成ありき」ではないAI・デジタル活用

　今後のAI活用においては、技術や「生成」AIありきではなく、実現したいユースケースに合わせて適切に組み合わせていく必要がある。
　本書で紹介しているユースケースにおいても、既存の技術で実施する部分は既存の技術で、生成AIが最も効果を発揮する部分は生成AIを利用するといった形で、全体の技術の中で組み合わせて活用をしている生成AIは適用

範囲が広い。ただし、正確性を担保する上では別の技術の方が信頼性を担保できる場合も多い。

　生成AIは、対象に対してのコミュニケーションのインターフェースや、あいまいな情報から回答を整理することなどの価値が大きい。こうした生成AIが強い部分や、他の技術が強い部分を踏まえて組み合わせることに需要がある。

　例えば、顧客や従業員等への回答等において正確性が求められるものや、ある程度質問の要件が明確なものは既存のAIのルールベースでの回答の形の方がよりスムーズとなる場合も多い。また、コールセンター等の回答などにおいては、どの情報をRAGで参照させるのかを絞り込んだ方がより精度が高まる。

　そうしたケースでは、全ての回答を生成AIで回答を検討させるのではなく、まず要件を顧客に選択してもらい、その上で要件に応じてどの情報をRAGで参照させるかを定義し、それにもとづいて生成AIが回答を生成するなどステップをもって、生成AIを精度高く動かすなどの設計が重要だ。

　ある自治体で、特定の住民向けのサービス・相談を生成AIで実証を行ったものの、精度が十分に出ずに導入に至らなかったというケースがあった。他の自治体では、全てを生成AIで実施するのではなく、ルールベースでの回答や、回答自体は事前に用意しておいて住民のあいまいな課題感や相談に応じて、どの回答を選択するかを生成AIに判断させるなどの仕組みで実装に至っている。これらの観点からも技術やツールありきにならず、<u>どのようなオペレーションを実現したいのかの目的軸を解像度高く描くことが重要</u>だ。

既存デジタル・自動化技術との掛け算

　また、本書で触れてきた通り、生成AIはそれ自体での価値提供とともに、既存のデジタルや自動化技術を互いに補完・融合することにより大きな価値を生む。今までの既存のデジタル・自動化のアプローチでボトルネックと

既存アプローチ	生成AIとの融合による価値
各種システム導入／DX	・コード生成による効率的な導入・カスタマイズ ・システム間のデータ連携、フォーマット変換
ロボット・設備	・制御コード生成による効率的な導入 ・人や状況・計画に応じたフレキシブルな動作
デジタルツイン・メタバース	・Generative Designなど効率的な3D生成 ・3D情報×生成AIの自然言語情報による価値向上
IoT	・膨大な収集データの分析・解釈、価値化 ・細分化した機器データの統合分析
データ連携・データスペース	・他社とのデータ連携による生成AIサービス構築 ・データ連携にあたってのデータフォーマット変換、個人・秘匿情報のマスキング

図6-11　既存デジタル・自動化等の技術と融合する生成AI

なってしまっていたものが生成AIとの掛け算で解消されうる（図6-11）。

　今まで実現できていなかったり、ハードルが存在していたりした取り組みも、生成AIの掛け合わせで実現可能性が増している部分も存在する。自社が中長期でどんな価値を提供したいのか、どんなビジネス・オペレーションを実現したいのかを改めて明確化し、それを幹に技術の掛け算で使いこなしていくことが重要だ。

Case　AI時代の物流データ整備（SGホールディングス）

　生成AI時代においてはいかにオペレーションデータをデジタルデータとして蓄積し、活用できる流れを生んでいくことが重要となる。物流業界においては手書きの配送伝票等も多く、これらがデータ化されていないことが多い。

　佐川急便は配送伝票に記載されているサイズ・重量・住所等の入力業務を自動化するAI-OCR（OCR：光学文字認識のこと）を活用している。手書きの配送伝票の読み取りを行うことで、データ活用のボトルネックとなっていた配送伝票データのフルデジタル化を実現している。

　こうしたオペレーションにおいて鍵となっている手書きの配送伝票情報をAI活

用でデジタル化し、グループ会社のSGシステムが開発した「スマート集配（AIが効率的に配送ルートを表示するアプリ）」や「夜積みアプリ（夜勤スタッフが効率的にトラックに荷物を積み込めるよう表示するアプリ）」などの業務システムと連携することで、データを利活用している。

さらに将来的には、現在開発を進めている荷積みロボットによるトラックへの荷積み作業や、幹線輸送における配車の最適化等に役立てていきたい考えだ。また、SGシステムはAI-OCRの仕組みを他社向けに外販も行う。AIの効果を最大化する上でも、既存の技術やコンセプトと組み合わせてデータ整備を図っていくことも掛け算として重要だ。

とにかく小さく、早く実践する

生成AI時代においては、ChatGPTをはじめ既存の生成AIサービスと連携したサービスなどが作りやすい点や、生成AI活用によるコード生成等でアプリ開発等のスピードが圧倒的に早まる。早く、まずやってみるという姿勢が重要となる。

本書でも触れている生成AIと掛け合わせたサービスを展開している企業で共通しているスタンスとして「今後方針を立てるためにも、まずは早期にリリースした」と語っている。様子を見て何もしないうちに機を逸するのか、とにかくまずやってみて軌道修正するのかでは、ビジネスとしての蓄積や今後の展開で取り得る方向性が大きく異なる。

また、顧客向けに生成AIを提供することにリスクを感じている企業も多いが、本書でも紹介している企業のスタンスとしては「後から出す方が、よりリスクやハードルが高まる」という。現時点では生成AIビジネスが黎明期であるとともに、ハルシネーションリスクがあることは認知されているので、それを前提に顧客にはそのリスクがある点を示して理解してもらった上で展開することができる。

まだ市場のハードルや期待値が低い時期に早期にサービスを出して、顧客とともに学んでいくことが重要なのだ。日本企業としては、まず小さく実践して、その上で詳細に検討するといったマインドへの移行が求められるだろう。

ステップ		ポイント
Step1	企画者自身の体験	■ 自分自身で、生成AIを使ってみる ■ 実際の利用体験を通じて、そのメリットや効果を体感する
Step2	企画目的・ゴールの明確化	■ 誰に対して、どのような価値を提供したいのかを明確にする ⇒ 目的の明確化、アウトプットの定義とサービス検証を行う
Step3	差別化の設計	■ 自社の持つ独自の情報やリソースなどを組み合わせる ■ 上記を利用することによるリスクと対応策を考える
Step4	プロセス・UI/UXの設計	■ プロンプトの入力を受け取り、応答を返すまでのプロセス設計を行う ■ 顧客行動を想像しながら、価値体験の設計を行う
Step5	チューニング	■ 顧客の期待値とのギャップを確認し、UXをチューニングする ■ 品質向上や手間軽減のため、インプットをチューニングする

図6-12　ベネッセにおける生成AIビジネス企画ステップ　　（出所：ベネッセ）

　社内における意思決定においても、リソースを投下する前に現場で「まず形にしてみる」といったことがやりやすくなっている。どういったサービスやオペレーションを実現したいのかのプロトタイプを示して、意思決定層に体験してもらい合意形成を引き出すことも重要だ。図6-12がベネッセとして捉える生成AIでビジネスを作る際のステップだ。ここにもあるように誰もが簡単に生成AIを活用したサービスのプロトタイプを作れるようになっている中で、小さくても形を作り「体験」を生むことが重要だ。

攻めるための守りを固める

　生成AIの利用においては適切にリスクに対応し安心・安全に利用することが重要だ。「適切に」というのが、生成AI登場初期でいくつかの企業で見られたようにリスクを過剰に見るがあまりに、利用禁止等しイノベーションの種を摘んでしまっていたのは記憶に新しい。

　それらの企業を紐解くとセキュリティ担保等の方法などの知識不足の中で「なんとなく不安・リスク」としてリスク排除ありきになってしまっていたケースが多かった。あくまでAIを活用しイノベーションを起こしていくための「攻め」を前提においた上で、そのための守りを固めるスタンスでなけ

図6-13　日清食品グループにおける生成AI基盤ログイン時の注意喚起メッセージ
（出所：日清食品ホールディングス）

れば、「守るための守り」に陥りリスクを完全排除するために蓋をするといった選択になりかねない。

　生成AIの活用は各業界で必須となってくる中で、いかに攻めの中で、最低限の守りを固めるのかを検討していく必要があるだろう。

　生成AIに関するリスクとしては大きく3つである。まず一つが、プロンプト等で入力してしまうことにより個人情報や取引先情報、社外秘の機密などの**情報漏洩やAIに学習されてしまうリスク**だ。これは法人向けの生成AI基盤等では学習されない設定とすることができる他、プロンプト等で個人情報等が入力されない設計にすることで適切にカバー可能だ。

　次に著作権等の**コンプライアンス**だ。特に画像生成AI等では元の権利者の権利を侵害していないかを注意深く確認する必要がある。

　最後に**ハルシネーションリスク**だ。今後の進化の中で抑制したり、チェックをする仕組みが整備されていくことは想定されるものの、生成AIの回答としては先述の通り事実と異なる回答を含む可能性があり、利用者のファクトチェックが必要となる。

　こうしたリスクに対して、セキュリティ環境など企業としてできる点を実施するとともに、ユーザーに常に伝え意識させ続けることが重要だ。図6-13

が日清食品グループにおける生成AI基盤でログイン時にユーザーに示される注意喚起メッセージだ。続けてAI時代における攻めるための守りの体制を効果的に整備しているリクルートの事例を見てみよう。

Case 「攻めるための」AIガバナンスの整備（リクルート）

リクルートはAIを活用した事業強化の「攻め」の観点と、AI活用のガイドラインやガバナンスを強化する「守り」の観点の両面を展開している。攻めについては下記をはじめとした自社の新規事業自体を作り上げるプロセスでの活用や、人材・教育事業など既存事業における顧客価値向上に活用されている。

❖ AI活用事例
- 新規事業起案支援：起案者をモチベートしながら、アイディアの壁打ちや、事業案の競合・既存事業の有無調査ができるツールを開発
- 『レジュメ』（職務経歴書機能）：生成AIを活用し、求職者が入力した職務経験をもとに「職務要約」を自動生成する機能や、複数の質問に音声で答えるだけで、求職者の経験が魅力的に伝わるような「業務内容」を簡単に作成できる機能を実装。
- スタディサプリ：自動宿題・フォローアップ課題生成、講義レコメンド機能、TOEIC対策のアダプティブ機能や英語4技能の学習コースの自動採点

その上でリクルートは、これらの攻めのAI活用を支えるための「守り」のAIガバナンスの実践を行っている。

サービスの企画・設計段階からリリースまでのそれぞれの段階における意思決定のための確認プロセスである「標準プロセスレビュー」をAIの特性に合わせてアップデート。AIに用いるデータ取得の適法性や、AIのリスクに関する顧客への説明を行っているか、ユーザーのプライバシーや人権侵害・差別等の懸念がないか等を各プロセスに応じて確認し、安心安全、公平公正なAI活用を図る（図6-14）。

特徴はその体制だ。同社は体制としてAIガバナンスの推進リーダーを「攻め」のプロダクト・ソリューション開発側の人材を据え、コンプライアンス・知財・法務等の守りを固める側の人材がそれを支援。攻め側の視点から、守りを固めることで、スピード感やイノベーション創出と、守りの両立を実現している。

通常、守りを固めるチーム体制としてはコンプライアンス担当や、知財・法務

標準プロセスレビューのイメージ

図6-14　リクルートにおけるAIガバナンス

担当などリスクを最大限ヘッジする立場を中心に構成されることが多い。その結果として、リスクを避けるあまりに、複雑・膨大な確認項目や社内稟議フローを設定しスピードを失うことや、社内プロセスの複雑さからイノベーションの芽や意欲を削いでしまうことが特にAI分野では起こりがちだ。

　守りから入るのではなく、何を実現したいのか、どうイノベーションを起していきたいのかの目的があり、その上でそれを支援していく守りとは何か、この点を検討することが重要である。

　日本においてもAIの安全性に関する基準、規格・ガイダンス等の策定や国際標準化を図るAI Safety Instituteが設立され、海外機関との連携も図られているが、今まで以上に企業によるAI倫理が問われる時代となる。イノベーションの攻めと倫理のバランスを図る「攻め」を支える「守り」のあり方の整備が重要だ。

アーリーアダプターから成功事例を作る

　生成AIの仕組みを作ったとしても、どう使ってよいかわからない、成果がでるのかわからないと様子見になってしまうことを防ぐうえでも、まず小さくても成功パターンを作ってしまうことが効果的だ。小さい成功体験を作る上でも、社内の中の積極的に技術導入や活用を行う「アーリーアダプター」となる個人や部門を特定し、集中的に成功事例を作り上げることが重要となる。

　日清食品グループにおいては、推進チームのメンバーに生成AIへの関心が高い社員を募ることにより、モチベーションの高い組織で推進している。加えて、グループの中でも特に効果が出やすい営業部門でまず成功事例を作り、そこから横展開をしている。生成AIの成功事例を作っていく上では、生成AI組織やDX部門等のみが推進を進めるのではなく、現場部門と連携し、彼らのオペレーション課題や変化仮説にもとづいて取り組みを進めることが重要となる。

　そうした体制にあたって各部門に、自部門で推進を進める「アンバサダー」を増やしていくことが重要だ。こうした人材は社内にいないと思いがちだが、本書で紹介している生成AI導入企業も「隠れたAI人材は社内に眠っていた」と口を揃えて語るように、「生成AIを活用して業務を改善できるのではないか」といった問題意識を持っていたり、「生成AIやテクノロジーについて深く取り組んでいきたい」という意欲を持っていたりする従業員は年齢や部門などに関わらず各現場に存在している。こうした社内の眠っている層を掘り起こしていくことも重要だ。

徹底した標準化・テンプレート化と横展開

　生成AIの社内での活用をより広げていく上では、いかに各個人において業務で活用できるイメージを持ってもらうことや、プロンプト等を検討するハードルを下げることが重要になる。そうした点で、生成AIのユースケー

ス（成功事例）や、「プロンプトテンプレート」と呼ばれる土台をもとに各自の業務に合わせてカスタマイズできるテンプレートを共有していくことが重要だ。

　例えば、日清食品グループにおいては150種類のテンプレートを作り展開するとともに、現場の声・アイデアを吸い上げて常に追加・改善し続けている（図6-15）。営業部門で土台を作った上で、それを全社に横展開し、さらにグループ会社全体へと横展開の拡大を図っている。ライオンは推進組織が叩き台を作りつつ、現場がプロンプトテンプレートを随時追加していける仕組みを構築した。

　また、パナソニック コネクトは、プロンプトの添削・修正機能も社内実装している（図6-16）。こうした形でプロンプトを作るハードルを下げ、誰もが気軽に生成AIを業務に応用する土台を作ることが重要だ。

図6-15　日清食品グループでの生成プロンプトテンプレート化

（出所：日清食品ホールディングス）

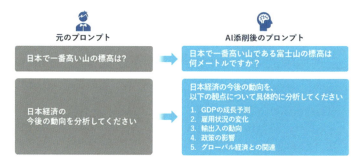

図6-16　パナソニック コネクトのAIプロンプト添削機能

（出所：パナソニック コネクト）

現場から主導的に取り組みが進む土壌を作る

　加えて、現場主導で自律的に生成AI活用が進む土壌を生んでいくことが重要だ。後述のサイバーエージェントは各役員からどのように生成AIを活用してほしいかの具体的なメッセージを発信することで、2200もの生成AI活用アイデアが現場から集まった。

　日清食品グループにおいては、社長からDIGITIZE YOUR ARMS（デジタルを実装せよ）のスローガンのもと、社員一人ひとりが自主的に自らの業務を見直し、自らデジタルを勉強し活用していく組織文化の形成、意識改革の必要性を発信。同グループは社員一人一人が生成AIを使いこなす姿を目指し、社内向けの広報活動も強化している。各部門での生成AI活用法や、ユーザーインタビュー等などの発信を通じて全社員が自律的に生成AI活用の文化の醸成を図る。

　また、現場主導での活用アイデアを拡げていくことや、各従業員に生成AI活用を自分ごと化する上でもプロンプトコンテストや、アイデアソン等を実施することも重要だ。アイデアソン等を通じて200以上の活用ユースケースを各社員・現場から引き出した三菱UFJ銀行の取り組みを見てみよう。

Case 200以上のアイデアを現場から引き出す（三菱UFJ銀行）

　三菱UFJフィナンシャル・グループCDTO（Chief Digital Transformation Officer）の山本常務筆頭に生成AIの活用がスタート。驚くべきはそのスピードの早さだ。1ヵ月で検証環境を構築し、1ヵ月で効果の見極め、その後全社約3万人向けの本番環境のリリースに至った。スピードを持った展開の背景として、生成AIのシステム開発にアジャイル[※1]とウォーターフォール[※2]を組み合わせたことだ。

　ユースケース検証用の環境はアジャイルを採用し、銀行のエンジニアの内製で環境構築を行った。全社員向けの本番環境の開発時はウォーターフォールを採用し、銀行側で開発したナレッジを子会社へ移管し開発をすることで、異例のスピードでの環境構築を実現した。

　同社はリリースするだけでなく利用率向上にも注力している。ポイントは社内向けのマーケティングと活用ユースケースの収集だ。社内向けに生成AIの取り組みを広報することで社内認知度の向上を図り、利用率を高める取り組みを行う。

　それとともに、よりポイントとなるのが従業員一人ひとりのアイデアだ。同社では昨年、マーケティングチームがアイデアソンを開催。昨秋時点で既に200以上の生成AIの活用アイデアが出ており、現在は出てきたアイデアをどんどん業務適用させていく活動や、アイデアをより増やしていく活動を行う。業務適用の具体的な検討領域として、稟議書作成、事務手続照会、ウェルスマネジメント領域における顧客向け提案書作成のサポート、システム開発・データサイエンスの効率化等が挙げられる。

　それだけではなく、現場から一人ひとりがアイデアを考える土壌をアイデアソンで作ったことが多くのユースケースの創出に繋がっている。初回で実施したアイデアソンでは、募集した50チームを大きく超える163チームからの応募があった。年齢や担当業務も多様な従業員からの提案があったという。マーケティングチームからのアイデアソンの社内広報が功を奏し、現場が持っている潜在的な業務の効率化に対する問題意識を引き出した形だ（図6-17）。

　また今秋開催したアイデアソンでは、新たに数百もの活用アイデアが創出された。会社経営陣としての生成AIへの期待や、開発状況・準備状況等を社内リリース前から随時マーケティングチームが社内にプロモーションを実施していたことも現場の積極的な参加の醸成に繋がった。

※1：アジャイル：機能単位で小さくすばやく開発を繰り返していく開発アプローチ
※2：ウォーターフォール：要件定義から設計、開発、テストへと滝のように上流から下流へ水が流れているようにプロジェクトが進められる開発アプローチ

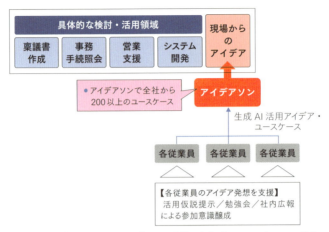

図6-17　三菱UFJ銀行のアイデアソンを通じた生成AIユースケースの拡大

　現場へ活用アイデアを呼び掛けるだけでなく、カスタマーサクセスチームがCoE（Center of Excellence）としてサポートしている。出てきたアイデアを現場だけで実用化を進めるだけではなく、カスタマーサクセスチームが実用化の伴走支援をしている。さらに、勉強会を開催し活用の可能性を理解してもらうとともに、金融機関での活用の方向性の仮説をカスタマーサクセスチーム主導でも作り、現場が自分たちの部門での応用例を考えやすくした。

　今後は、より生成AIの活用を深化すべく既存システムと生成AIの連携や、生成AI活用人材の育成を行っていく方向性だ。

終章

日本企業の生成AI実装経営のもつ可能性

最後に、生成AIを活用していく中で日本企業の経営はどのように変化していくのか。組織や人の役割・クリエイティビティの変化、経営層の役割の変化などについて触れたい。

section 1 生成AI時代の組織のあり方の変化

　生成AIによって資料作成や、膨大なデータを分析する、細かいコードを書くなどの「作業系」の業務はかなり効率化されていくこととなる。それだけではなく、生成AIは**業務のあり方**を変えるとともに、**組織や保有人材のあり方**も変えていくことになる。

　人は今まで時間がかかっていた高負荷業務・社内調整業務などから、戦略・アクション検討・分析など、よりクリエイティブな業務や顧客対応・現場業務など会社の収益を生む業務に注力できるようになる。こうした変化の中で、今まで作業系の業務を得意としていた人は、<u>より構想検討や分析など自分なりの考えを提示したり、行動力をもって実行・改善を担ったりしていく業務へと、スキルとともにマインドをシフトしていく必要がある</u>。

　個々人のクリエイティビティや付加価値で評価される時代になってくる中で、学校教育の段階においても、個別の知識を正確に記憶することや、特定のスキルを身に着けることから、常に社会や技術の変化を捉えて新しい価値を「構想する力」や「アイデアを伝え動かしていく力」などに、力点を置いていく必要があるだろう。

▶ 中間とりまとめ業務の比重が大きい日本企業

　日本企業の組織構造として、中間とりまとめ組織が、各事業等からあがってきた情報に対して組織ごとの個別事情やデータのクセ等を勘案してデータを統合して報告書や社内説明資料を作ることや、過去の資料やデータ、資料フォーマットなどを探して参照して資料を作成し、承認者や関係者・知見者の意見を得ながら社内調整をしていくなどの業務の分量が大きい構造であっ

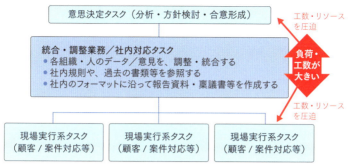

図7-1　日本企業における業務・組織の比重イメージ

た（図7-1）。

　例えば、経営企画部門等が、各組織の経営数値や施策結果等を取りまとめる際も、各事業部からのデータを集約して、予実算で差異があればその確認を行うなどを行った上で、各データのフォーマットを統合して報告資料を取りまとめ、その上で分析を行うなど、とりまとめに時間がかかる部分があった。

意思決定と現場実行に比重がシフト

　これが生成AIによって、データとりまとめや社内調整業務、過去のノウハウ・ナレッジなどの参照した業務等の負荷が減り、意思決定や、現場実施の付加価値業務にリソースがシフトしていく。先述の経営データのとりまとめ等においては各所のデータを収集してデータフォーマット統合を行い、報告資料を作り、分析のたたき台を示すことなどの業務は半自動化ができるようになり、中間のとりまとめ業務の負荷は低減される。

　組織単位においても、個々人の業務においても、中間の調整から、より意思決定タスクや、実行タスクへと比重が変化していくのだ。実際に中間の組織の人員を減らして、新規事業等に配置転換をするケースもあれば、人手不足の中で人員は変わらず中間組織の業務のあり方自体が変化するケースもあるだろう。

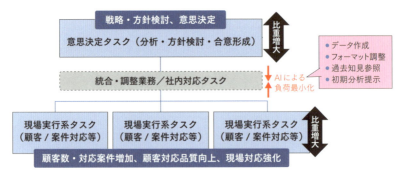

図7-2　生成AIにおける業務・組織の比重のシフト

　例えば先述の経営数値を取りまとめる業務においては、データを取りまとめて報告資料作成までで工数が手一杯となっていた部分が、報告資料作成までは効率的に進められるようになる中で、原因の分析や、対策案の提示までより踏み込んだ分析やクリエイティブ・戦略的な検討へとシフトがされることとなる（図7-2）。

　またRAG参照をはじめ、自社のナレッジをいかに管理し、アップデートし続けていくのかも重要となる。効果的なRAGのためのデータ整備・ナレッジ管理の部門など、従来とは異なる役割や組織も生まれてくる形となる。さらには、新規事業や、スタートアップ等においては人的リソースを最小化して、数名のマネジメント層とAIエージェントで運営・経営することも可能となる。

業務における時間の使い方が変化

　生成AIの活用が進展する中で、各組織の時間の使い方が大きく変わることとなる。日清食品グループの営業部門においては、これまで社内業務に時間の72%がかかっており、顧客のための活用する時間が28%に限られていた。これを生成AIの活用により社内業務の割合を減らして、顧客のために活用する時間を50%まで引き上げようとしている（図7-3）。

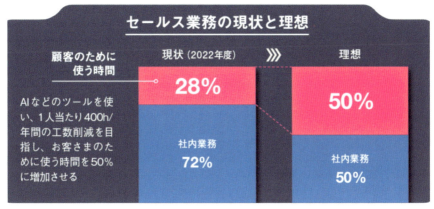

図7-3　日清食品グループにおける営業部門の生成AIを通じた投入時間の変化計画
（出所：日清食品ホールディングス）

生成AIでより人が成長する組織へ

こうした中で組織の中での人の成長のあり方が変化する。AIの進化の中で、「全てが自動化され人は必要なくなり失業する」、もしくは「考えなくなり成長しなくなる」といった声も聞かれるが、ビジネスにおいては逆の方向性で検討されている。

後述するが、AIが担えるのは業務のうち「たたき台」の部分にあたる60〜70%の品質だ。膨大なデータの整理や、文書・報告書の作成・参照などの負荷・工数がかかっていた領域である。この部分をAIが担うことにより今まで時間がかかっていた業務から解放され、人はより業務の進め方や事業のあり方の構想、顧客やパートナーとの折衝など付加価値が高く成長に繋がる業務に注力することになる。生成AIによってより若手が成長する組織を目指す三井住友銀行の取り組みを見てみたい。

Case　生成AIでより若手が成長する組織へ（三井住友銀行）

三井住友銀行は専用環境上に「SMBC-GAI」を構築し生成AI活用を進めている。全従業員が業務の中で生成AIを活用し、専門用語の意味を調べたり、行内規程を

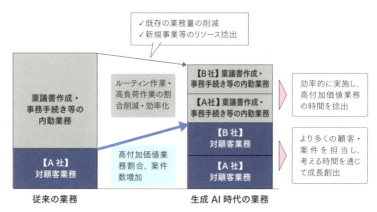

図7-4　三井住友銀行が考える生成AI時代でより若手が成長する組織

検索したり、メールの文案を作成したりすることで大幅に業務効率を高めている。金融業は準拠すべき法規制や、行内規程・ルール等も多く生成AIとの相性がよいと見る。

　銀行の法人営業などの業務では、稟議書作成や事務手続きを始めとする内勤業務における行内規程の検索などに、多くの時間を要している。これらを生成AIで効率化することにより、より多くの顧客を訪問することや、顧客に対する提案内容をより深く検討する時間の創出に繋がる。内勤業務などを効率化してより多くの顧客提案の経験や、案件をいかに進めるかを考える構想・検討時間に多くの時間を投入することにより行員ひとりひとりの「考える力」を身に着けることができ、ひいては顧客への提案の品質を引き上げることができると捉える（図7-4）。

　金融機関としてはシステム数も多くこれらと、社内データを掛け合わせることによりさらなる業務効率化を見込む。生成AIを通じて、より人が成長や活躍する金融業のあり方を目指す。

若手・中途社員の立ち上げや、ベテランの知識補完を支え組織を底上げ

　生成AIは若手の**能力・業務品質の向上**や、入社した中途社員等の当該会社のオペレーションなどの**理解・立ち上げ**に価値を大きく発揮する。業務のノウハウや、自社の仕事の進め方、専門用語・社内用語などを生成AIに参

照させることにより、何度も確認し聞くことができる。

　往々にしてメンターや共有担当の現社員の教え方や、教えるスキル（わかりやすさ等）によって新入社員の立ち上がり方が異なってしまうが、例えば生成AIに新人への共有に長けた社員のノウハウを参照させることにより、新人の立ち上げを標準化することができる。また、新入社員としても「他社員に何度も聞いてしまっては申し訳ないのではないか」等気を遣うことなく何度も聞くことができ、「技術に知識のない人でもわかりやすく」など理解度に応じた説明を指示することが可能となる。

　こうした活用により、社員ごとの品質や業務理解の差を埋めて、平準化し底上げすることが可能となる。また、経験豊富な社員においても生成AIによる知識補完が見込まれる。特定の部門のみで経験している社員も別部門のオペレーションやノウハウを補完することで、より視点を拡げ組織としての業務品質を高めることに繋がる。

生成AI時代に新たに生まれうる組織

　生成AI時代の組織においては、中間とりまとめの組織など効率化される役割もあれば、**新たに生まれる組織**も存在する。

　例えば、自社の強みとなるナレッジを特定し生成AIが学習・参照できる形でデータ化を図る役割や、RAG等で参照しているデータが陳腐化しないように常に最新のデータへとアップデートする役割だ。企業の競争力の源泉がAIと掛け合わせるデータへとシフトしていく中で、データを管理・高度化しAIとの接続を行っていく役割・組織の重要性が増す。また、生成AIを契機にAIファーストでのオペレーションへと組み替えていく横串組織や、AI活用を活性化させていく組織も重要となるだろう。

　次の事例では早期から生成AI活用を進め、横串組織の展開や、本業である広告事業の体制を変化させているサイバーエージェントにおける組織の変化を見ていきたい。

Case AIオペレーション室／人材体制の変化（サイバーエージェント）

全社に活用を拡げるAIオペレーション室の取り組み

　Web広告等最大手のサイバーエージェントは2016年にAI研究開発組織のAI Labを立ち上げ、早期から事業でのAI活用を図るなど下記を一例として他社に先駆けた生成AI活用を進めている。

① 独自の日本語LLMの開発／広告事業での自社使用＋外部公開
② 広告事業での生成AIを活用した効率化（クリエイティブ生成、効果予測）
③ アニメーション・ゲーム業界のAI変革を目指すアニメーションAI Lab、ゲームAI Lab

　同社は生成AIを会社の競争力の源泉とし、現在の全社オペレーション業務の6割を削減することを掲げ、AIオペレーション室を設置している。各事業責任者も兼務で参画するとともに、自社向け生成AIツールの開発機能も持ち、広告・ゲーム・メディアの部門横断での生成AI活用による競争力強化や、新規ソリューションの開発、社内業務の効率化等がミッションだ。

　生成AI活用の拡大に向けては賞金総額1000万円で「生成AI徹底活用コンテスト」を実施。実現可能性は問わず自由な発想で募集したことや、各役員からどのように生成AIを活用してほしいかの具体的なメッセージを発信したことも功を奏し、2200ものアイデアが集まり、現在は厳選された約50案が、自社向けのみならず他社外販も見越して事業化検討・開発されている。

　また、全社員向け、サービスを開発するエンジニア向け、LLM開発等を行うエンジニア向けの3段階で展開する「生成AI徹底理解リスキリング」の取り組みは、自社内のみならず、子会社のAI Shift社を通じて外販し生成AI導入・活用を支えるコンサルティングも実施している（図7-5）。

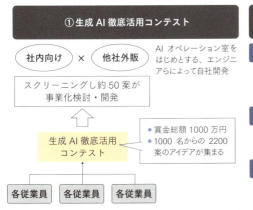

図7-5 AIオペレーション室の活動例

広告事業における生成AIを通じた人材体制変化

サイバーエージェントは生成AIを活用してWeb広告を自動生成し効果予測を行う「極(きわみ)」シリーズを開発し活用を行っている。対象はバナー広告の静止画・動画や、検索連動広告、クリック後の遷移先広告など幅広く、現在では同社の広告主の8割以上の広告が生成AIを活用して生成や効果予測を行う形で提供している。

広告コピー制作などでは、日本語に強みを持つ独自開発したLLMの活用が効果を発揮している。従来はクリエイターが作る広告の数は約4〜5倍に広がっている。特に効果的に生成AIを活用しているクリエイターでは15倍の数にのぼるケースもあるという。

また、効果予測AIにより効果の高い広告を作れる確率が2倍に向上しており、制作数4.5倍と効果の高い広告の作れる割合が2倍で、効果が高い広告を作る生産としては乗算で9倍高まっていると捉えている。

人材体制にも大きな変化をもたらしている。従来広告は司令塔であるクリエイティブディレクター、デザイナー、コピーライターなど複数のチームで制作していたが、現在では生成AI活用によってクリエイターの能力を拡張し、クリエイターが1名で作れる体制となってきている。デザイン、コピーなどそれぞれに強みがある中で、強みの領域は自らの強みを尖らせて、自分が苦手な領域をAIで補完する使い方をしているクリエイターへの効果が大きいようだ。

Web広告においては今までリソースの制約上から、ターゲットの優先順位をつけざるを得なかったが、生成AIにより効率的に大量に広告を制作できるようになる中で、個別のターゲットごとに最適な広告の提供を目指す(図7-6)。

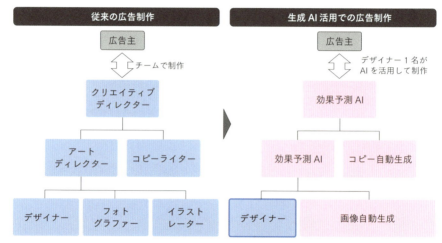

図7-6　サイバーエージェントにおける生成AI活用での広告制作体制の変化

section 2

生成AI時代の人の役割・クリエイティビティの変化

NVIDIAのCEOジェンスン・ファン氏は「AIに仕事を奪われると心配する人もいるが、そうではなくAIに精通した人に仕事を奪われることになるのだ」と国立台湾大学のスピーチで語っている。AI自体が業務を変えるのではなく、重要なのはいかにAIを使いこなす人が業務を変えられるのか、どのようにAI時代のあり方に人が適用して変化していけるのかである。

生成AIにおいてオペレーションのあり方が大きく変わる中で、人の役割はどう変わり、クリエイティビティ(創造性)はどう変化するのかを見ていきたい。

人のクリエイティビティが変わる

生成AI時代においては人のクリエイティビティの発揮のあり方も変化する。博報堂や、サイバーエージェントが捉える生成AI時代の「人のクリエイティビティ」について触れたい。

博報堂DYグループが提唱する「人間中心AI」

博報堂DYグループは人間中心のAI活用(HCAI：Human Centered AI)を掲げる。AIは、人間の代替ではなく、人間のクリエイティビティを拡張させる位置づけと捉える。

従来のAIに対する捉え方としては「プロセスをAIで代替する」というものだ。いわば業務プロセス中心のAI観だ。このアプローチでは正確性や精度が重視され、AI特有の誤差やハルシネーション等のリスクからAI活用が進展しない。

同グループは、「人間中心のAI観」への変化が必要と考えている。過去の

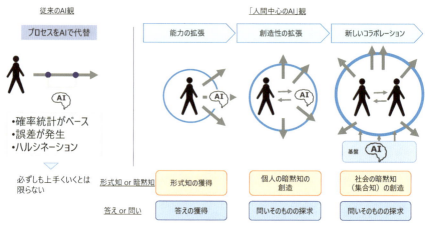

図7-7 求められる人間中心のAI観への変化（出所：博報堂DYグループ）

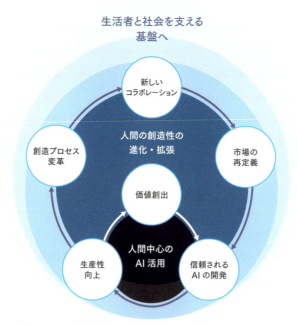

図7-8 HCAI（人間中心のAI）における理念「AIの目指すべき姿」

知見やノウハウ・データなどを活用して答えを獲得していき人間の処理能力の向上や業務効率を向上させていく「能力の拡張」から、さらに個人のアイデアや視点を拡げ何に取り組むべきか、どのような課題にアプローチすべき

かの問いそのものを探求する「創造性の拡張」に繋がる。

　さらには、生まれた新しい問いにもとづいて新たなプレイヤーとの連携が生まれ、そこから得られる社会の暗黙知や集合知をもとにさらに当たな市場定義や価値創出が生まれる「新しいコラボレーション」へと進化する（図7-7）。

　同グループはこれら人間中心のAI観への変化による価値創出の循環を「人間中心のAI活用のループ」として表現している。新しい創造のプロセスを模索し、生活者を含む、多様なステークホルダーとの今までにないコラボレーションを生み出し、生活者にとっての市場の再定義を進めていく。AI活用はそうした「人間の創造性の進化・拡張のループ」も実現していくことに、ひいては生活者と社会を支えていくものに繋がると考えている（図7-8）。

■ サイバーエージェントが提唱する「クリエイティブ・スキルシフト」

　サイバーエージェントは生成AIの活用によって、クリエイターの制作環境が大きく効率化されていくと見る。その結果、一定の品質までは誰もが早く、かつ大量に作れる時代が来ると予測されるため、その場合クリエイターにはこれまで以上に広範な視野と知識が必要になる。そのため、これからは様々な技術やフレームを活用して、目標や目的からデザインしていくスキルが欠かせない。

　AIによって「つくる力」の中のオペレーティブな業務が圧縮される一方で、創造性のあるアイデアとクオリティを生み出す上での目的・目標を示すための「ディレクション能力」がますます重要になると捉える。まずはつくるための工数を効率化してディレクション能力を鍛え、クリエイティブの目的や目標設計についてマネジメントできる人材を増やす。

　ディレクション能力が求められる機会がさらに増えるが、その中でもとりわけ重要なのが、ものを作り出す前に、戦略と紐づいたクリエイティブの方向性を描き、それをチームに伝え、動かす力だ。クリエイターは制作フローの中で最終アウトプットのクオリティに責任を持つ人である、というイメージが強いが、実際は戦略に基づいたプラン、もしくはそれ以上のクオリティにチームを引き上げながら牽引することが大切だ。（図7-9）

　戦略からアウトプットまで一貫した強いメッセージがあるクリエイティブ

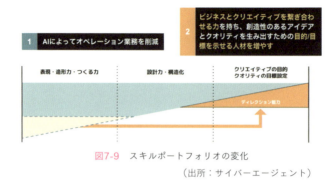

図7-9　スキルポートフォリオの変化
（出所：サイバーエージェント）

が必要な時代になると考えており、クリエイターのコミット領域がより一層広がると考えている。

AIを相棒に自らの業務を進化

今まで見てきた通り、オフィスワーク、現場業務など限らずあらゆる業務がAIによって変化していくポテンシャルを有している。そうした中で、自らの業務をいかにAI活用で変化していけるのか、自らのノウハウや現場データをいかにAIに教え込み、業務の効率性や精度を上げていけるのかが重要となる。

生成AI時代においてはAI活用が民主化し、専門のエンジニアでなくてもカスタマイズが可能となってきている。いかにAIを相棒として使いこなし、自らの業務・オペレーションの既存の強みを活かしつつ、時代に合わせて進化させていけるかが問われる。

「構想力」と「識別力」

あらゆる業務がAIと密接に連携していく中で、人間に必要となってくるのが、業務全体を構想しAIに対して的確に指示を行う力や、AIによって出力されたアウトプットを鵜呑みにするのではなく、それらを見極め、より優れたものに磨き上げる力が重要となる。

日清食品グループは生成AI時代の人間のスキルを、「生成AIによる膨大な

アウトプットのうち目的に適したものを見極める【識別力】」と「生成AIのアウトプットをより優れたものに磨き上げる【構想力】」であると定義している。その上で自社らしさや、自社の戦略を踏まえた要素を追加していくことが求められるのだ。

今後これらの中で、企業ごとに「**自社らしさ**」とはなにか、自社が実施したい戦略は何かを突き詰め、時代とともに変化させていくことの時間やリソースを捻出して、実施していく重要となってくるだろう。

大企業にとっては「人」を持っていることが強みになりうる

生成AIにより効率的なオペレーションが可能となる中で、スタートアップや新規事業においては最小限のリソースで経営・運営をすることができ大きな変化となる。

一方で大企業においては、人員不足の中で現在のオペレーションを維持するためにも生成AI活用が求められる点も存在する。加えて、生成AIでリソース投入が最小化できる時代に、あえて人員を抱えていることを活かした戦略も一手となりうる。生成AIで効率化されたオペレーションを顧客に対して導入する上でも、その変化に寄り添い伴走するコンサルタントや、カスタマーサクセスと呼ばれる顧客支援部隊を強化するべく、リスキリングを図っていくことも重要だ。

デジタル化しきっていないことが強みになることもある。あえてデジタルでない領域を残し、競争力の源泉としていくことも戦略の一手となり得るのだ。利便性の高いツールを活用する側は、それが当たり前となってしまいオペレーションの本質や、なぜそれがそういった仕組みになっているのかを検討する視点を失い、カイゼンしていく推進力を失いがちだ。大企業としては、製造現場などを自社として継続的に有しプロセス全体を改善し続けているからこそ、より本質的なオペレーション変化の提案を顧客に対して実施することもできる。これら現場に根付いたノウハウやデータ、人材が生成AI時代においてもより強みとなっていく。

section 3

経営層の変化・その他の役割の変化

意思決定のスピードをAI時代へアップデート

　次に意思決定や経営者の役割について触れていきたい。オペレーションが圧倒的に効率化する中で、意思決定のスピードもAI時代にアップデートしていく必要がある。今まで触れてきた通りAI時代においてはアイデア創出や、製品設計、事業検討・展開などあらゆるオペレーションのスピードが圧倒的に効率化する。

　より早く意思決定し、実行して競争優位を築けたか、ここに勝負の観点が変わる。そうした中で事業のスピードが高速化したとしても、稟議に時間がかかるなど意思決定スピードが旧来のままであれば、AIを実装した他社に敵わない。経営層のマインドセットや行動を含めて、意思決定の考え方・体制・プロセス等を見直していく必要がでてくるだろう。

　生成AIで事業のあり方やオペレーションが変化する中で経営層としての求められる動きや能力が変化していく。従来の経営者は、各事業から報告される膨大な情報の把握や稟議承認等の対応に忙殺され、本来かけるべき会社の未来のあり方の洞察や、競争環境や技術の変化を捉えた腰を据えたビジネスモデル・オペレーション変革等に時間を投入しきれていなかったのが現状だ。

　また、意思決定の材料としてのデータも、既存のフォーマットに沿った報告書等をもとに意思決定せざるを得ず、経営層の課題意識にもとづく迅速かつ柔軟な形で引き出すことは時間やリソースが必要で限界が存在していた。これらの状況が生成AIによって大きく変化する。

先述したように複数の業務システムと生成AIを連携させることでタイムリーに統合的なデータを引き出すことができ、迅速に意思決定を行うことができるようになる。経営者としては意思決定を迅速に行うためにいかに、生成AIを活用してデータが集まる体制を整えるかが鍵となる。

　また、柔軟に引き出せるデータや生成AIとの壁打ち等を通じて、将来変化を見通して、会社の未来の姿やビジョンの仮説を早期に構築するとともに、効率化で捻出した時間で現場に足を運び、いかに手触り感をもって、早く未来のビジョンを実装すべく意思決定・行動できるかが今後の経営陣には求められる。経営陣の自身の能力をいかにAIで拡張し会社の変革に繋げるかを考えていく必要があるだろう。

　また、経営陣自らAI活用を推し進めて従業員のAIを通じたビジネス変革の機運を醸成することも重要だ。生成AIが登場した初期においては、セキュリティ等の対策があることの知識不足等から経営者自身が生成AIを禁止する等ブレーキとなってしまう事態が見受けられた。

　一方で、日清食品グループでは経営者自らが先陣を切って生成AIの活用を推進し、その結果として会社全体での生成AI活用の流れに繋がった。

　経営層が学ばなくなった企業は成長が止まると言って過言ではない。全経営陣がAIによる全社や自らの所掌分野の未来を構想し、従業員の先陣を切る必要がある。下記においてAI最高責任者（CAIO）を登用し、CAIOのもと全社をあげた変革を図る博報堂グループの取り組みを紹介する。

Case　Chief AI Officer（CAIO）による全社横断検討（博報堂）

　HCAI（Human-Centered AI／人間中心のAI活用）を掲げる広告会社大手の博報堂DYホールディングスはAI最高責任者（CAIO）を設置し、森正弥氏が就任している。同ホールディングスは、「Creative Table PINGPONG」（AIによる広告クリエイティブ定量・定性評価）、先述の「バーチャル生活者」など生成AIを活用した取り組みを事業やプロジェクトを土台に積極的に進めてきていたが、全社横断でAI活用を進めていくためにもCAIOを中心とした横断的な取り組みへと変化させている。CAIOのミッションは幅広く、大きく短中期と長期で分かれる。

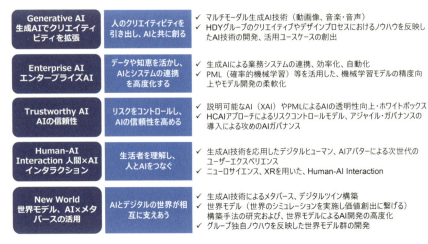

図7-10　博報堂DYグループが目指す今後のAI活用例

(出所：博報堂より筆者調整)

① 短中期的での戦略・ビジョンとして「AIを使って自分たちがどのような方向に向かうのか」「AIを用いてどう変わっていくのか」を指し示し実行する。例えば、自社のビジネス・サービス・プロダクトへのAI連携、AIを活用した新規事業創出、従業員のAIスキル向上、他社とのアライアンスの展開などだ。
② そして、長期的なAIの進化を的確に見据えて未来を洞察し、AIを活用した戦略を常に進化させ続けていく。

同社はCAIO直下で2つの取り組みを進めている。1つ目がビジョン策定・先端研究や他社連携を行うHCAI Institute、2つ目が全社プロジェクトとしてのHCAI Initiativeだ。今後先端研究×全社でのプロジェクト展開を通じて図7-10をはじめとしたHCAIの実現を図る。

競争・協調領域の再設定が起こる

生成AIの浸透が進む中で、競争領域(自社コアとして差別化する領域)、協調領域(他社と連携していく領域)の再設定が起こっている。従来日本企業はこの振り分けが苦手であり、多くの領域を競争領域と捉え自前主義に陥

活動テーマ	詳細
① 先端技術の共有と連携	■ 変化の速い「生成AI」の先端技術の活用方法づくりと各業界への展開を検討 ■ Google・Microsoft・AWS・Oracleなどに代表するクラウドベンダーからの最新情報の共有
② ビジネスユースケースの共有と実装支援	■ 生成AIのビジネスユースケースの共有と、新たなケースにおける実装方法の検討・支援 ■ 生成AIの技術実装を行っているベンダーの事例を提供
③ Labを起点にした共創・協業	■ 松尾研などと連携しながら、産学官連携での共創事例を創出 ■ 東西(東京と神戸)にLabを設置…日本マイクロソフト・デロイトトーマツグループのLabにて
④ 教育・学び	■ ベースとなる生成AIリテラシー育成と、高度エンジニア育成の拡大 ■ 企業における教育プログラムの検討・開発・提供
⑤ 生成AI活用のルール作り・提言	■ 倫理的側面からの議論の実施、セキュリティ対策や危機管理におけるガイドラインづくり ■ 国や公共機関との情報交換と提言

図7-11　Generative AI Japanにおける企業横断での活動

(出所：Generative AI Japan)

りがちだ。しかし、AIの進展の中で、日本企業の競争・協調領域の再設定が進みつつある。

例えば、金融業界では「金融データ活用推進協会」の生成AIワーキンググループ(グループ長：東京海上HD)等で、企業を超えて金融業界での生成AIガイドライン作成や、ユースケース共有などの連携が進む。

図7-11が、先述したベネッセ等が発起人となり、企業横断で生成AI活用のノウハウ共有や底上げを図るGenerative AI Japanの活動だ。生成AI時代においてはこうした企業横断の機会等を活用しながら、自社の次世代の競争力の源泉は何かを見定めることや、データを基軸とした他社連携で生成AIソリューション開発を図っていくことや、共同での言語モデル開発等を起こっていく方向性も重要となる。

日本企業の海外戦略が変わる

今まで日本企業にとって「**言語**」は一つの壁となっていた。スタートアップや新規事業等で優れたサービスを提供していたとしても、言語の観点から日本市場での展開に注力し、その上で一部グローバル展開も行うといったステップとなることが多い。その場合、グローバルでのスピードが失われ、海外でのポジションを取り切れずに成長が止まってしまうことがよく起こって

いる。

　こうした言語の壁が生成AIの活用によって大きく変化する。自社のアプリケーションやソリューション自体を多言語で提供することが可能となり、他国企業が実施してきている「**事業開始のDay0からグローバル展開**」が可能となる。

　ただし、逆の観点も生まれる、生成AIにより言語の壁がなくなることは、同時に日本語という言語の特殊性で守られていた日本市場に今後AI活用で日本語へのカスタマイズを効率的に行うグローバル企業がより展開が進むことも意味する。ますます本質的に競争力のあるビジネスなのかが問われるようになる。

　加えて、日本企業の海外展開にも生成AIは変化をもたらす。今までは日本企業が海外拠点にオペレーションを移管する際は属人で行われており、熟練技能者を派遣して暗黙知も含めて共有を行い現場のオペレーション立ち上げを支援していた。その結果として、その現地人材が育ったタイミングで、引き抜かれたり、競合を立ち上げたりといったことが多く起こっていたのが日本の海外オペレーションの立ち上げの課題だ。

　これらが、先述の形で自社の現場ノウハウを生成AIに参照させて、多言語で引き出せるようにすることで、各オペレーターに対しては全ての暗黙知を属人で伝えきらなくとも、都度デジタル上で引き出すことで業務オペレーションの実行が可能となる。つまり、コアノウハウやそのもととなっているデータはデジタル上で自社に蓄積し、人を介したノウハウ流出を防ぐ「ブラックボックス」化にもつなげることができるのだ。逆もしかりだ。現在では新興国の海外工場の方がよりデジタル化の取り組みが進んでいるといった企業も増えてきた。こうした海外拠点で蓄積されているノウハウを日本に還流させていく上でも生成AIをハブにしていくことが重要だ。

section 4 デジタル地政学時代における日本の立ち位置

　グローバルでの生成AI活用が進む中で、各国の対外産業政策や主導権争いとしての「**デジタル地政学**」の動きも大きい。OpenAIや、Google、Meta、NVIDIA等生成AI時代のキープレイヤーが存在する米国勢は、NVIDIAがタタやリライアンス等の財閥とLLM開発等で連携するなど、新興国の各国の財閥や政府との連携を通じた現地ユースケースの蓄積を図るとともに、日本でのマイクロソフトのR&Dセンター設置のように各地に投資を実施し現地企業・政府の囲い込みを図る。

　欧州勢はAI規制等、ルール作りでグローバルを主導する他、SIEMENSやSAPなどのグローバルで拡がっている産業プレイヤーのソリューションに生成AIが組み込まれ新興国等に展開される。中国は他ITサービス同様にChatGPT等の海外メガプレイヤーのサービス利用が禁止されており、BAT（バイドゥ、アリババ、テンセント）等の現地系企業が生成AIサービスを展開し、世界最多の生成AI関連知財数を誇る。

　政策としても、データ連携を通じたGenerative DesignをはじめとしたAIソリューション開発が戦略として掲げられており、新興国企業のデータ囲い込みや、AI時代のデジタル一帯一路政策とも呼べる展開がなされている。新興国としては海外勢の先端LLMの活用等を通じてノウハウを蓄積しつつ、ベトナムVin財閥によるベトナム語LLM開発をはじめとして現地語LLMの開発など自国市場防衛や対抗の姿勢も見え隠れする。

　こうした中で、従来は規制等がボトルネックとなりイノベーションを阻害する傾向にあった日本は、AI開発・利用における「緩い規制」で海外勢の活動を呼び込むなど今までにない対応を見せている。特に今後のデジタル地政学における日本の強みになるのは<u>非英語圏としての圧倒的なLLM開発実績</u>と

終章　日本企業の生成AI実装経営のもつ可能性

247

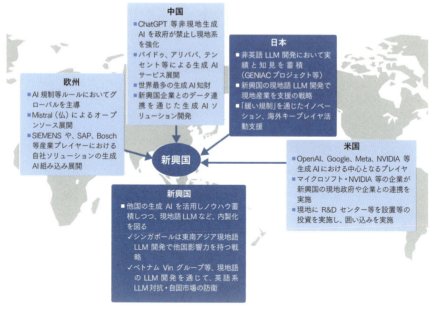

図7-12　生成AI時代のデジタル地政学における立ち位置

ノウハウだ。経産省が主導となり国産LLMの開発を支援するGENIACプロジェクトをはじめとして、日本語LLMの開発が各社行われている（図7-12）。

こうした非英語LLM・生成AIソリューション開発のノウハウは、現地語LLM開発を図る新興国政府や産業に対して連携の武器や、売り物となり得る。次の事例にてLLM開発のノウハウを体系化している理化学研究所の取り組みに触れたい。

Case 大規模言語モデルの開発ノウハウを体系化（理化学研究所）

東京工業大学（現・東京科学大学）は、理化学研究所、東北大学、富士通、名古屋大学、サイバーエージェント、Kotoba Technologiesと連携し、スーパーコンピューターの「富岳」を活用した言語モデル開発を行い、大規模言語モデル開発にあたっての分散並列学習のノウハウを体系化。今後日本の研究者やエンジニアが大規模言語モデル開発に応用できるように公開を行っている。

先述の通り、今後グローバルで日本の強みとなるのが圧倒的な非英語言語モデ

ルの開発の実績とノウハウだ。日本語のモデル開発の進展とともに、日本企業が他国において現地言語モデル開発を行う際に、こうし知見が活用されていくことを期待したい。

トレードオフであった標準化vsカスタマイズが両立する

日本企業のソリューション展開においても戦い方が大きく変化する。今までは、標準化を通じた効率的な展開と、個社への寄り添い・カスタマイズはトレードオフとなっていた。個社課題に寄り添いカスタマイズをすることにより個社の満足度は高まるが、カスタマイズのためのコストがかかるとともに、拡大にあたっての効率性・スケーラビリティは下がる。

一方で、欧米のソリューション企業が強みを持つ個社ごとの要件を共通化して展開する「標準化」しスケーラビリティを重視しすぎると、個社の課題に寄り添うことができなくなる。日本企業においては、個社へのカスタマイズに強みを持っていたが、この標準化が苦手であり新規事業やソリューションビジネスの拡大に苦労をしていた。

しかし、生成AIの活用により、共通のソリューションのコアの部分を土台にしつつ、個社課題に寄り添ったカスタマイズに関してリソースをかけずに効率的に実施することができる。日本企業の個社寄り添い・カスタマイズを生成AIで効率化して展開していくことにより、競争力のあるソリューションを展開していく日本の勝機が生まれる。

日本企業の新たな戦い方

今後生成AIの産業活用が進んでくる中で、今までとは異なる企業の競争戦略のあり方が生まれる。下記がその一例だ。

ある日系プロセス系製造業は、AIを活用して効率化されたオペレーションを通じて、①自社製造だけではなく他社ものづくりを受注するEMS展開

や、②自社のサプライチェーンの自動化の仕組みや研究開発・生産技術等をソリューション化していく外販事業を見据えている。今後、自社オペレーションに生成AIを掛け合わせて、業界を超えてプロセス製造業のあり方を支えていく生成AI×製造インフラ企業への変革を図っている。

また、とある大手企業は自社のオペレーションを徹底効率化し、そのオペレーションをBPO（ビジネスプロセスアウトソーシング）として外販することも見据える。今までオペレーションを受注するBPOや、製造を受注するEMSを展開するにあたっては、設備や人材などの投資が必要であった。これが生成AIで徹底効率化されたオペレーションを他社受注まで拡げる上では、リソースを最小化することも可能となる。

現場オペレーションやノウハウに強みを持っている日本企業としては、徹底効率化されたオペレーションとともに、「現場・人」の支援にもとづきオペレーションを受注していくモデルは一つの勝ち筋となるだろう。今後企業のビジネスモデルや、価値提供のあり方が大きく変化する中で、いかに自社から仕掛けられるかが鍵となる。

新価値へのフォーカス
既存の事業のオペレーションは最大限効率化しリソースを新規事業・探索や、海外展開など新たな価値創出にシフト

効率化した業務プロセスを外販しオペレーション受注
徹底効率化したオペレーションをもとにBPO（ビジネスプロセスアウトソーシング）型で他社業務を受注（製造受注（EMS）、バックオフィス業務アウトソース受注など）

他社とのデータコンソーシアム型連携
異業種や周辺領域の他社とデータを連携したLLM開発や、生成AIソリューション開発

ノウハウをソリューション外販
自社のノウハウをソリューション外販（デジタルソリューション／デジタル＋ハードウェア等）して新しいビジネスモデルを構築する

現場の暗黙知に強みを有する日本にチャンス

　生成AIは日本企業の課題を補完し、強みを拡張するポテンシャルを有する。日本は現場や人のノウハウで競争力を構築してきた。これらの現場や人のノウハウは「強み」であるとともに、暗黙知になりがちであり、システム化による効率的な展開やグローバルでの拡大性を重視する欧米との比較においては「弱み」となっていた。

　これが生成AIによって誰もが活用できる組織知として体系化し、システムとの連携も含め柔軟に活用できるようになることは日本企業にとって大きな武器となる。本書で紹介してきた生成AIを先駆けて活用する挑戦を行ってきている企業に共通するのは「**自ら先行事例を作りに行っていること**」だ。

　日本企業としてリスクを回避する上でも、特に新しい技術活用では、業界での類似事例があるのか、他社が行っているのかを重視しがちだ。しかし、変化のスピードが生成AI時代に圧倒的に早くなっている中で、他社が行うことを待っていては大きく変化から取り残されかねない。

　本書で触れている先行事例の視点も参考しつつも、自社や産業においてどのような変化を起こせるのか、どういった企業になりたいのかを今までの前提に縛られずに構想し、未来を切り開く変化を「**自社から**」創造するきっかけになれば幸いである。

◎結びとして

　本書は様々な方々のご支援のもと、執筆をさせて頂いている。まず、本書の企画・編集・執筆をご支援頂いたSBクリエイティブ社の松島様、岡本様、ビジネス＋ITの中澤様に感謝申し上げたい。そして、多忙な中ヒアリング・ディスカッションにご協力を頂いた下記の協力企業の方々に御礼を申し上げたい。生成AIにより大きな構造変化が起こる中で、自社・自組織の取り組みが他の企業・組織の参考になり社会やビジネス課題解決に繋がるのであればと快くご協力頂いた。そのビジョンや思いに触れる度に、この受け取ったバトンを、本書を通じてしっかりと表すべく身の引き締まる思いであった。加えて、取材のご対応者のみならず、御多忙の中で幅広い関係各所との調整や、文言確認などを行っていただいた広報ご担当の皆様のご尽力がなければ本書は成り立たなかった。ここに御礼申し上げたい。

［取材にご協力頂いた企業・組織名（50音順）］
日本IBM、朝日新聞、旭鉄工、ABEJA、Ansys、イオン、伊勢丹、ELYZA、AI model、NEC、NTTコノキュー、NTTデータ、MI-6、Autodesk、オムロン、花王、キリン、クーガー、国土交通省、サイバーエージェント、産業技術総合研究所、SIEMENS、シュナイダーエレクトリック、住友ゴム、ゼウレカ、竹中工務店、電通デジタル、デンソー、東京海上HD、東京都、東京大学（越塚登教授、小塩篤史准教授）、日清食品ホールディングス、博報堂、パナソニック コネクト、日立製作所、PTC、富士通、プラグ、Preferred Networks、ベネッセ、ベルシステム24、三井住友銀行、三菱電機、三菱UFJ銀行、Unity、横須賀市、ライオン、ライフル、理化学研究所、リクルート

　本書は数々の方のご協力がなければ実現し得るものではなかった。改めて、今回の企画においてご協力を頂いた方、出会った方との縁に御礼を申し上げるとともに、執筆中数々の協力をしてくれた妻と7歳の息子、0歳の娘、両親や仲間に感謝し筆を置くこととしたい。

2024年8月　小宮 昌人

以上

■著者プロフィール

小宮 昌人（こみや まさひと）

株式会社d-strategy,inc 代表取締役 / 株式会社 Third Ecosystem,inc CEO / 東京国際大データサイエンス研究所 特任准教授

野村総合研究所、産業革新投資機構JIC-VGIなどを経て現職。戦略・DX支援企業のd-strategy,incを創業し代表取締役として、生成AIをはじめとするデジタル化・技術変化の中での企業やスタートアップのDX/ソリューション・イノベーション戦略を支援。また、グローバルでのスタートアップエコシステム連携プラットフォームのThird Ecosystem,incの代表取締役CEOとして海外・国内のスタートアップエコシステム（VC/CVC/企業/大学/政府機関/スタートアップ）の連携・活性化に取り組む。加えて、東京国際大学データサイエンス研究所特任准教授においてデジタル×サプライチェーン教育とともに、明星大学非常勤講師としてデジタルビジネスやイノベーションについて教育を行っている。近著に『メタ産業革命〜メタバース×デジタルツインでビジネスが変わる〜』（日経BP）、『製造業プラットフォーム戦略』（日経BP）、『日本型プラットフォームビジネス』（日本経済新聞出版社）があり、ビジネス＋IT連載『デジタル産業構造論』、MONOist等にてWebメディア連載。

問い合わせ先：masahito.komiya@dstrategyinc.com

■本書のサポートページ

https://isbn2.sbcr.jp/26761/

- 本書をお読みいただいたご感想を上記URLからお寄せください。
- 本書に関するサポート情報やお問い合わせ受付フォームも掲載しておりますので、あわせてご利用ください。

生成<ジェネレーティブ>DX
生成AIが生んだ新たなビジネスモデル

2024年 11月26日　初版第1刷発行

著　者	小宮 昌人
発行者	出井 貴完
発行所	SBクリエイティブ株式会社
	〒105 0001 東京都港区虎ノ門2-2-1
	https://www.sbcr.jp/
印　刷	株式会社シナノ

カバーデザイン	渡邊民人 (TYPE FACE)
本文デザイン	伊藤翔太 (クニメディア)
制　作	クニメディア株式会社

落丁本、乱丁本は小社営業部にてお取り替えいたします。
定価はカバーに記載されております。

Printed in Japan ISBN978-4-8156-2676-1